幸せなお金を引き寄せる

44の
心理学レッスン

益田 緑
Masuda Midori

ぱる出版

Prologue

はじめに

自分を慈しめば、人生は豊かになる。

このままの生活でいいのかな?
このままだと収入は減る一方。
一体どうすればいいのだろう?

もしもこのような悩みを、今あなたが抱えているとしたら、この本は必ずあなたの役に立ちます。なぜなら、心のあり方で人生が豊かになるからです。何よりも自分の心を大切にし、誰よりも自分を慈しむことで、本当の自分を取り戻し、自分の人生の主人公として生きていくことができるようになります。会社での人間関係の悩みは消え、夢が見つかり、新しいことにチャレンジする、豊かな未来が待っています。

「私なんて何もできない」と心配な方も大丈夫！ 44の心理学レッスンは、自信のない人が、揺るぎない本物の自信を手にするための、科学的根拠に基づいた、誰にでも再現性のあるやり方です。「自分が何を好きなのか、全く分からない」と話しておられた方が、いつの間にか好きなことを仕事にしてお金を手にすることができるようになった例もたくさんあります。職場の人間関係が改善されて仕事が増えた人も、同居家族との間に立ちはだかっていた高く厚い壁が取れて生活自体が楽しくなった人も、みんな44の心理学レッスンを日々の中に取り入れて実現されました。

たとえメンタルが弱くても、欠点だらけでも、叶えたい夢を描いて、その夢を叶えるためのお金を手にすることができるのです。旦那様に養われていてお金を使う時に罪悪感をおぼえる人は、「自分の意志で自由に使えるお金」を手にすることができるようになります。それは、以前と同じように旦那様が稼いできてくれたお金かもしれませんし、あなたが新たに稼ぎ出すお金かもしれません。いずれにしても、心から自由に使えて幸せなお金です。幸せなお金を手にするための、心、身体、そして脳の使い方についてお伝えしていきます。

私は14年間ライフコーチとして「自分らしく生きる」女性のサポートをしながら、ライフワークである「瞑想」や「自然の中で生きる」を楽しんでいます。２０２０年の12月に、生まれ育った兵庫県西宮市から、宮崎県宮崎市に引っ越しをして「移住」の願いを叶えました。次なる移住の夢もすでに描いていますが、それは本文の中でお伝えしますね。

私の社会人生活は、専門学校卒業後、デパートの宝石を販売する外商というお仕事から始まりました。外商というのは、店頭ではなくお客様のご自宅へ伺い、宝石を買ってもらうセールスの仕事です。何でも一番にならないと気がすまない性格が功を奏し、私は社内でトップセールスになり20代半ばで月収１００万円を手にしました。今思えば、最近よく言われている「売り込まないで売れる」方法を意識することなく自然とやっていたように思います。２００万円のネックレスは、売り込まなくてもお客様から「ください」と言われました。商品の話をするのではなく、お客様の話をよく聞き、本当のお気持ちを引き出し、そこに寄り添ったかたちでご提案をしていました。

30代で起業し個人事業をスタート、数坪のアパレルショップから多店舗美容室へと階段を上っていきます。大阪の一等地である梅田と心斎橋に3店舗を構え、最高で年商2億円、従業員60人のビジネスに成長。その結果、何が起こったかというと、幸せの絶頂とは真逆の、不幸のどん底へ落ちていったのでした。私の心と身体はいつのまにか悲鳴を上げ、ボロボロになっていたのです。つまり、億を稼いでいたにもかかわらず、人生で最悪ともいえる状況に陥ってしまったわけです。

なぜでしょうか？ それは、私が自分の心を粗末に扱ったからに他なりません。私はいやおうなく自分の心を見つめ、自分ととことん向き合い、心理学、ＮＬＰやコーチングなどを学びます。そうしてたどり着いた結論は、「店を閉める」でした。２００５年から5年間かけて、美容室3店舗は閉店させ、心理ビジネスへと事業転換しました。閉店を決めた時は、親、夫や夫の親からも猛反対を受け四面楚歌の状態。「おかしくなったんじゃない？」とまで言われました。それでも、私は美容室をたたむことに何らためらいはなく、従業員の次の職場も決めながら少しずつ縮小、5年後に閉店にいたりました。きわめて前向きな閉店でしたので、私にとってはストレスどころか、ボロボロだった心と身体を取り戻し、心理ビジネスでは幸せなお金を手に入れられるようになっていました。

人はお金だけを追い求めると、不幸になります。

幸せなお金を手にしてほしい。それには、まず自分を慈しみ、本来の自分を取り戻すことが一番なのです。この本を手に取った方が、自分らしい生き方の一歩を踏み出せる一助になれば幸いです。

益田 緑

Contents

幸せなお金を引き寄せる44の心理学レッスン
目次

第1章　お金を引き寄せるための〝ゼロリセット〟

第2章　お金の心理学レッスン「自分を慈しむ」

第5章　幸せなお金を引き寄せて豊かに生きる

序章 ━ お金が豊かになっても心が貧しい

Lesson

01

億を稼いで
鬱になって得た気付き

金の亡者という病

世間ではビジネスとして、次から次へとお金を稼ぐ方法が出没しています。「最先端のビジネス手法」や、「楽してお金が儲かる方法」が常に登場し、ちょっとしたブームになって、しばらくすると終息する…。そんなサイクルがずっと繰り返されています。目新しいお金を稼ぐ方法が出るたびに、多くの人たちがこぞって情報に飛びつき、踊らされ、そして失敗もしています。例えば近年大流行した「仮想通貨」も然り。投資の基礎知識が何もないまま「億り人」というキーワードに乗せられ、なけなしのお金を投入し、大きな負債を抱えてしまった方たちの話を、当時たくさん耳にしました。

何を隠そう、私も「お金」を追い求めていた1人です。特に若い頃は「お金持ちになれば幸せになれる」という思い込みが強く、32歳の起業当時の目標は「お金をたくさん稼ぐこと」でした。会社を設立して1年後には年商1億、2年後には2億と、自分が想像していたよりもはるかに速いスピードで目標を次々にクリアしていきました。大金持ちとはいかないまでも30代半ばだった私には十分なお金を手にして「最高に幸せ——!!!」。

そのはずでしたが、現実は全く逆、億を超えたその先には私が予想もしていなかった不幸な出来事が待っていました。

お金があるのに貧しい生活

「大金を稼ぐ」という目標を達成した当時の暮らしは、私の人生の不幸ベスト2です。因みに一番の不幸な出来事は何かというと、10歳の時に性犯罪に巻き込まれたことです。分不相応な大金を手に入れることは、幼少期のトラウマに匹敵する強烈なダメージを私に与えました。

32歳でアパレルショップを経営、半年で1500万円を稼ぎ、その3年後に会社を設立しました。当時はアパレルショップでウィッグも販売していました。その時にエクステンションのご要望があり、始めたところ大当たり！ 次にエクステンションとパーマを同時にできるサービスにするため、美容室経営に乗り出しました。短期間でいかに多くの売上を上げられるか？ を追求して作った3つのサロンは、スタッフ60名、年間延べ1万5千人が訪れる人気店となり、まさに破竹の勢いで売上を伸ばしました。

ところが、それに反比例するように、私の心はみるみる疲弊していきました。お金はあってもお茶すら飲む時間がなく、接客、スタッフの勤務管理、広告の出稿、それに経理…。一気に従業員がふくれ上がったお店は常にトラブルを抱え、家に帰っても心休まる時はありませんでした。当時付き合っていた今の夫ともケンカばかりで、体調は常に絶不調。ひどい偏頭痛に悩まされ続ける毎日だったのです。

「普通の人よりたくさんお金を稼いでいるのに、なぜ毎日こんなに辛いんだろう？」答えが出ないまま、ひたすら走り続けた結果、私はついに重度の鬱「ウツ」を発症。仕事に行くことすらできなくなり、ワンマン社長だった私が不在になると、当然のごとく店の売上は急降下していきます。

全てが万事休す。こんな状況になって初めて私は、「お金をたくさん稼ぐ！」ことが目標であった自分の考え方が間違っていたことに気が付きました。お金だけでは豊かになれないんだ。幸せを感じることができる「心」があって初めて、真の豊かさが手に入るのだと実感しました。起業したばかりの私のファーストレッスン。それは、「心を粗末に扱うと貧乏になる」という世の理《ことわり》を知ることでした。

Lesson

02

脳と心を
疲弊させる現代社会

自分の心を粗末に扱うと、当然のごとく心はボロボロになり、仕事もプライベートも何もかもうまくいかなくなります。超多忙で情報過多の現代では、心が疲れていても、自分では気が付いていない人がほとんどです。「何だか疲れる」「意欲はあるのに、行動できない」のは、実は脳と心が疲れきっているせいかもしれません。

心の疲弊を生み出す2つの理由

現代人の脳と心が疲れきっているのには、2つの大きな理由があります。1つはビジネスや子育てなどあらゆるシーンにおいて「マルチタスク」を求められる時代になったこと。もう1つは、情報過多であることです。

1つ目のマルチタスクとは、同時に2つ以上のことを進めることですね。例えば、会社では企画書を作りながら、電話に出て対応、また企画書に戻ります。家に帰れば料理を作りながら子供と会話をし、インターフォンが鳴れば料理の途中でも対応します。こんなふうに誰もがマルチタスクで動くことが当たり前になっています。

パソコンやスマートフォン1台で、仕事の進捗、メールチェック、会社からの連絡事項、それに離れている子供の様子まで、どこにいても把握できるようになりました。便利な世の中になった反面、1つのことにじっくり時間をかけて取り組むことは許されず、いかにして効率よく複数の案件をこなすかが重要視されます。脳と心は常にフル回転し、片時も休む暇などなく、疲れきってしまうのは当たり前のことなのです。

脳と心が疲れる2つ目の理由は、情報過多なインターネット社会で脳が処理する情報量が激増したことです。それにより「心の疲れ」という弊害が起きているのです。

脳と心がさまよっている

常にマルチタスクで、且つ人類史上、類を見ない膨大な情報を処理している私たちの脳と心は、想像している以上に疲労困ぱいこの上ない状況です。目の前の作業をしながら、それとは別のことが気になってしまう状態を心理学用語で「マインドワンダリング」と言います。まさに脳と心があちこちに「さまよっている」状態です。驚いたことに、脳がマインドワンダリングに費やす時間は1日の約50%にものぼると言われています。

マインドワンダリングは、「過去」や「未来」に膨大なエネルギーを費やし、「今、この瞬間」に必要なエネルギーが不足します。例えば、会社でプレゼンの準備をしながら、LINEが来るとソワソワし、〆切の経費精算を思い出しつつ、「今日の晩ご飯は何にしよう？ 毎日考えるのはほんと面倒」と憂鬱に…。これでは質の良いプレゼン資料は作れませんし、完成させるまでにも相当な時間を要するでしょう。

無目的なマインドワンダリングの働きが過剰になれば、不要な思考に大きなエネルギーがうばわれ、脳が極度の疲労状態に陥り、私のように鬱状態になることがあります。一体、どのようにすれば無目的に心をさまよわせることなく、目の前の必要なことだけに集中できるのでしょうか？

それは、「何もしない時間を持つ」ことです。「え！ こんなに忙しいのに、何もしない？」と思われましたか？ さまよう心を一点に集中させるために、何もしないでまずは脳を休ませるのです。脳の休息が、鬱状態になることなく、幸せを感じながら豊かになっていくための、ファーストステップです。

Lesson

03

心の豊かさを決める「脳内おしゃべり」

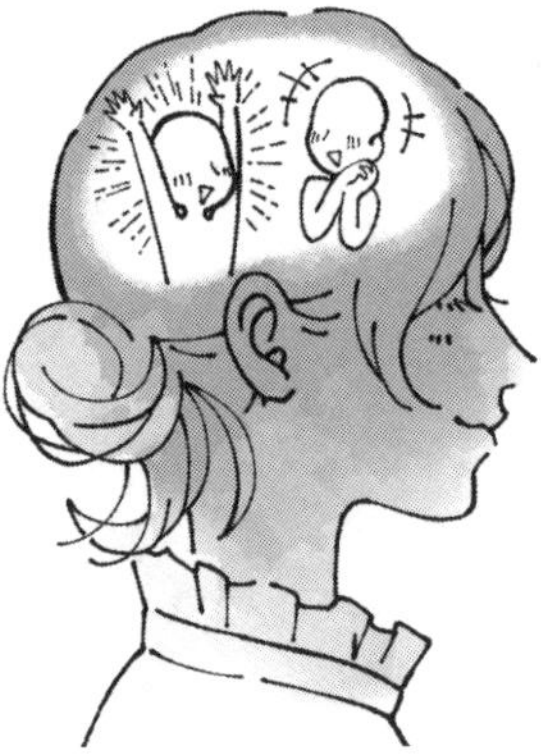

私たちは、頭の中で常に色々な言葉を思い浮かべます。こういった脳内でのおしゃべり、つまりセルフトークは1日になんと6万回も行われています。セルフイメージはセルフトークによって作られます。例えば「私ってすごい！ 天才！」というセルフトークがあれば、セルフイメージも自ずと「私って天才！」となります。

脳内はネガティブだらけ

けれども、残念なことに、現実にはセルフトークの大半は、ネガティブな内容です。なぜなら、危険を先に察知して身を守ることが私たちの本能であり、ネガティブなことに意識が向くようになっているからです。過去に叱られたり恥ずかしい思いをしたりしたことは、頭の中で言葉として残っていて、それがセルフイメージになっていることがよくあります。例えば、「お前は本当に頭の悪い子だね！」と過去に怒られていたら、脳内にはずっとその言葉が残り、「私は頭が悪い」というセルフイメージが植え付けられます。

では、どのようにして、ネガティブな脳内おしゃべりをポジティブに変えればいいのでしょうか？ それは簡単！ まずは普段の自分の脳内おしゃべりを常に観察することです。ネガティブな脳内おしゃべりを見つけたら、それをありのまま受け入れて、その後「どんな自分になりたいか？」を考え、新しいセルフトークに書き換えます。なりたい自分のイメージを言語化して言い換えるだけです。

失敗した時は「本当は、どうすれば良かったのか」を考えて、言葉を変えていくことが大切です。また、脳内おしゃべりは、自分のセルフイメージだけではなく子供がいれば我が子のセルフイメージまでも作ります。「どうして、何回言ってもできないの！」という親の言葉は、「何回言ってもできない私」というセルフイメージを子供に植え付けます。したがって、失敗した時は「本当はどうすれば良かったと思う？」と問いかけてあげて下さい。

セルフイメージを飛躍的にアップさせる方法

セルフイメージを飛躍的にアップさせたいなら、セルフトークを変えることはもちろんですが、それ以外にもあなたの今の環境をガラリと変えることもオススメです。環境を変えると、自分のことを見る人の目にも変化が起こります。

例えば私は最近、兵庫から宮崎に引っ越してきたのですが、ここにはこれまでの私を知っている人は、夫以外1人もいません。地元の人間関係をゼロから構築していくのです。こんな時こそチャンス！　自分がどんな風に生きたいのか？　在りたいのか？　自由に選ぶことができます。

あなたの望むセルフイメージはどんなイメージでしょう？　既にそうなっている人をぜひ探してみて下さい。また、その人は日々どんな言葉を使い、どんなセルフトークをしているのかを想像し、そのセルフトークを毎日使ってみましょう。

良いセルフイメージをつくるために

脳と心がさまようマインドワンダリング、常にネガティブな言葉を自分に語りかける脳内おしゃべり。どちらも脳の処理能力をいっぱいいっぱい使っているため、脳も心も疲れ果ててしまいます。脳内おしゃべりの内容が、自分にとってなりたくないイメージなら、言葉を変えましょう。そうしなければ、ずっとそのイメージのままの自分を背負うことになってしまいます。意識的に言葉を変えてしまえば、良いセルフイメージを持つことができるようになります。

Lesson

04

人生を豊かにする セルフトークマネジメント

あなたは、自分は何が好きで、どんなことが楽しいか、自分で自分のことが分かりますか？ もしあまりよく分からないとしたら、あなたの脳内おしゃべり（セルフトーク）は、無意識に次のようなたくさんのネガティブトークを繰り広げているかもしれません。

・過去の辛いことを何度も思い返す
・自分や他人を批判する
・心配の理由をしつこく考える

いかがですか？ あなたの脳内がこのような状態ならば、セルフトークをマネジメント（管理）する必要があります。セルフトークが批判的だと、自分の本当にやりたいことは出てきません。なぜなら「これが好き！」「これがしたい！」という想いが出てきても、ネガティブなセルフトークにすぐさま否定されてしまうからです。心からの望みを伝えているにもかかわらず、何度も否定されたらどうなるでしょう？ そうです。本当の望みは出なくなってしまうのです。

セルフトークマネジメント実践法

第1段階はセルフトークを意識に上げ、そのままを受け止めること。次に言葉の内容を肯定的なものに置き換えていくことでマネジメントします。

1．意識上へ

「呼吸」は普段は無意識でやっていますが、「4秒吸って6秒で吐く」というふうに意識するとコントロールできます。同じように無意識下でやっているセルフトークを意識に上げてコントロール可能にします。

2．ありのまま受け止める

「失敗した！ 私って最悪」というセルフトークに気付いたら善悪のジャッジをせず、ただ「「失敗した！ 私って最悪」というセルフトークを持ってるんだな」と認識します。善悪のジャッジをしないことがポイントです。

3．チェックする

このセルフトークはどんなセルフイメージを生むか？ を想像します。「失敗した！ 私って最悪」というセルフトークは「最悪な私というセルフイメージを作る」

と気が付けば、肯定的なセルフトークに置き換えましょう。一方で「私ってすごい！天才！」といったセルフイメージが上がるものは、そのまま残します。

4．肯定的なものに置き換える

「失敗した！　私って最悪」という言葉がどんな言葉になるといいかな？　と考えます。「失敗しても乗り越えてステージアップするのが私！」などです。

5．魔法の言葉

どうしてもしっくりくるセルフトークや肯定的なものが浮かばない場合は、私が魔法の言葉として使っているセルフトークを皆さんもぜひ使ってみて下さい。

その言葉とはスバリ！「私らしくない」です。「失敗した！　私らしくなかったな。次はどんなふうにしようかなぁ？」こんな感じで最後は質問形で終わらせるのもOKです。そうすると脳が勝手に言葉を探してくれます。

自分の望みや好みに合った言葉は、あなたの意識を変え、行動を変えます。自分を応援する言葉は、あなたのセルフイメージを必ず良くします。

Column
コラム

幸せなお金持ちに共通する5つのパワー

ここでは心理学の観点から見た「幸せなお金持ちが必ず持っている5つのパワー」についてお伝えします。これまで経営者の方やお金持ちの方とお付き合いさせていただいた中で、その方たちには共通した「パワー」があることに気付きました。

1．自分の弱さを才能に変える力

1つ目は、「自分の欠点や弱い部分を能力や才能に変える力」です。何をさし置いても、私は幸せなお金持ちの条件としてこのパワーを一番に挙げます。

弱みを才能に変えられる人は、たとえ大きな失敗をしても、自分を応援し励まし続けます。だからこそ、何があっても困難を乗り越え、進んでいくことができるのです。

その姿を見た周りの人も「あの人ならきっと成功するに違いない！」と感じ、更に人やお金が自然に集まります。

2. お金よりも夢へのパワー

２つ目は、お金に対する価値観や考え方です。ただお金を得たいだけでは、お金を手にすることはできません。また、お金を得ることそのものが目標になっていると、目標を達成できたとしても、「お金はあるのに、全く幸せではない」という昔の私のような状況になってしまいます。幸せなお金持ちにとって、お金の位置づけは、「あくまでも夢を叶える手段の１つ」です。「苦労して育ててくれたお母さんに楽をさせてあげたい」「お菓子作りを通して世界中の人を笑顔にしたい」など、目先のお金を超えた、心から達成したい夢を持っています。お金のためのお金ではなく、夢や思いを叶えるためのお金です。お金を超えた、「夢へのパワー！」なのです。

3. なぜ？の好奇心から生まれる行動力

幸せなお金持ちは、子供のように「これは何？」「なぜ、そうなるの？」と好奇心旺盛。知りたい！欲求にあふれ、圧倒的な行動力を持ち合わせています。常に新しい情報をインプットし、アウトプットもします。変化を怖れないために、興味があることにどんどんチャレンジし、新しい体験を積み重ねるのです。たとえ途中でうまくいかないことが起きたとしても、そんなトラブルさえも楽しんで、次から次へと行動し、ゴールを達成していきます。

4. お金は稼ぎ方よりも「使い方」

幸せなお金持ちは、「お金が増える」お金の「使い方」を知っています。つまり、稼ぐことよりも「正しい使い方」を誰よりも熟知しているのです。周りのために大金をドーンと使うこともしばしばあります。「お金は正しく使えば、必ず自分の元に戻ってくる」と考えています。お金は価値あるものである一方「夢を叶えるためのツールの1つ」というフラットな視点も持っています。

5. コミュニティ形成力

幸せなお金持ちは、有益なネットワーク、つまりコミュニティを形成しています。有益な情報を与えてくれるメンターとつながるためのコミュニティや、共に支え合い励まし合える仲間とのコミュニティです。常に新しい情報に触れ、出し惜しみをしないでお互いに有益な情報を仲間と分かち合い、更に豊かになっていきます。

第1章 お金を引き寄せるための〝ゼロリセット〟

Lesson

05

お金を引き寄せるために
最初にやることは「何もしない」

「お金持ちになるには、たくさん働く必要がある」そう思っておられる方が多いと思います。お金を手にしてもそのお金を使う時間が全くなく、忙しい忙しいと言いながら日々を過ごす。いわゆる貧乏暇なしという状態です。これでは本当の意味で豊かで幸せな人生とは言えません。また、たとえお金と時間の両方があったとしても、人間関係でいつも心が疲れていたら、やっぱり幸せとは言えないですよね。

すでにお話ししたように、幸せなお金を引き寄せるためには、まずは「脳を休ませること」これが最も重要です。脳は放っておくと無意識に過去や未来をさまよい、膨大なエネルギーを消費するからです。そうなってしまうと、脳が「今、ここ」に注意を向けていないため、目の前にチャンスがあっても気付くことはできません。

では、どうすれば「今、ここ」に注意を向けることができるのでしょうか？　私が皆さんに一番お伝えしたい方法が、ズバリ！「瞑想」です。鬱になり仕事ができなくなった私は、その状況から脱け出すために、必死になってたくさんの心理学やコーチングを学びました。どうすれば本来の自分を取り戻すことができるのか？

私の心を豊かにしてくれるものは何なのか？　とにかく知りたかったのです。自分自身に試して結果が出た後は、１万人以上のクライアントに実践し、最も簡単で、最も楽しく、最も効果があったものをチョイスして独自のプログラムを開発しました。その元となるものが、この本でお伝えする「瞑想」と「コーチング（科学的根拠に基づいた脳と心の取り扱い方法）」です。

瞑想と聞くと、「スピリチュアル？」「怪しい」と思われる方がいらっしゃるかもしれません。確かに私が瞑想を始めた15年前は「よく分からない怪しいもの」という感じでした。近年は宗教的な概念やスピリチュアルな側面を排除した「マインドフルネス瞑想」がアメリカで大流行し、瞑想のイメージが刷新されました。マインドフルネス瞑想とは「今、この瞬間に意識を集中する力」を育てるトレーニング法です。科学的なエビデンスもたくさん出てきて、米国ではグーグル、マイクロソフト、フェイスブック、日本ではトヨタ、メルカリ、ヤフーなどの大企業がマインドフルネス瞑想を社員研修に導入しています。子供の幸福度世界一のオランダがマインドフルネスを学校教育に取り入れていることも有名ですね。

瞑想は、脳のトレーニングです。瞑想というと「無にならなくてはいけない」「頭を空っぽにしなくちゃ」と考える人が多いのですが、両方ともできなくても大丈夫です。多くの瞑想の中で、この本では1日3分からスタートできる瞑想を4種類お伝えします。まずは3分だけ呼吸に意識を向けることからチャレンジしてみて下さい。熱くなったモーターは、無理矢理回し続けても生産性が落ちます。オーバーヒートして動かなくなってしまうかもしれません。そうなる前にぜひ、どこでも手軽にできる瞑想の習慣を身につけ、脳の疲労を改善&防止することをオススメします。

「どうすればお金を引き寄せられるのか？」あなたはこのことをずっと考え、お金の稼ぎ方やビジネスのノウハウ本でもたくさん学ばれていることでしょう。「お金を稼ぐためには行動あるのみ！」とばかりに、ひたすら行動を続けている方もたくさんいらっしゃると思います。確かに結果を出すには「行動する」ことが大切です。ですが、どんな行動を起こし、どんな結果を生み出すのか？そのゴールを設定し、指令を出すのは「脳」です。肝心の司令塔が疲弊していては本末転倒。幸せなお金は、まずは脳に最高の休息、「何もしない時間」を与えることから始まります。

Lesson

06

世界のエリート達が
こぞって実践する脳と心の休息法

先ほども少し触れましたが、世界のエリート達の間では、今や瞑想は当たり前。瞑想を実践することによって集中力、直観力、創造力、洞察力、分析力、そして問題解決能力などあらゆる能力が高まると聞けば、ビジネスの業界で一気に瞑想が広まったのもうなずけます。

ビジネスに最も必要な力で、且つ瞑想で高めることができると私が実感している能力は「感情をコントロールする能力（平常心）」です。小さな小さな会社ではありますが、山あり谷ありでなんとかこうして23年間、廃業することなく続けてこられたのは、どんな時も瞑想により「一定のパフォーマンスを発揮できる安定したメンタル」を持つことができたからだと思います。

瞑想はビジネスだけではなく、人生を豊かにします。それには3つの理由があり、1つ目は、瞑想の効果が科学的に証明されていることです。ストレス軽減や、脳の機能や構造そのものに変化を与えることが実証されています。根拠のない単なる癒しではなく、心と身体をより良くするための、科学的に証明された健康法なのです。

2つ目の理由は「いつでもどこでも短時間で、脳と心をリセットできる手軽さ」です。必要なのは3分～15分の時間だけ。朝昼夜関係なく、家、会社、電車の中でも瞑想はできます。2020年5月にコロナ禍で緊急事態宣言が発令された時、私はFacebookグループでリアルタイムの瞑想ライブを始めました。連続195日間配信していて、今（2021年3月末時点）も毎日やっています。ライブでは、呼吸法やムーブメント瞑想など、毎日15分ほどでできる様々な瞑想法をお伝えしています。すると瞑想経験者だけではなく、初めて瞑想を体験した方々からも「頭がスッキリしました」「不安が和らぎました」などお喜びの声をたくさんいただきました。1ヶ月間継続して瞑想を行うことで、疲れている方ほど、より一層その効果を感じやすいという結果になりました。

瞑想が人生を豊かにする3つ目の理由は、瞑想が心に良い影響を与えることです。新型コロナウィルス、地震、台風、それにＡＩの急速な進化で社会の変化が予測できない時代になり、人々は不安を常に抱えています。瞑想をすると、不安を和らげたり、心を落ち着かせたりといった効果が顕著にあらわれます。

「VUCA（ブーカ）時代」という言葉をご存じでしょうか？
Volatility（変動性）
Uncertainty（不確実性）
Complexity（複雑性）
Ambiguity（あいまい性）

激しい流れの中で世の中が混乱し、膨大な情報が錯綜するVUCA（ブーカ）時代では「自分にとって本当に必要な情報が何なのか？」を自分で探し、選び、行動していかなければいけません。不確実な時代でも、的確な判断、冷静な視点、高い集中力が求められ、多様性を受け入れる共感力が必要です。毎日の瞑想がこれらの能力を徐々に高めてくれることを私自身、15年間瞑想を実践して感じています。一切の副作用なく心身の健康を向上させ、脳そのものに変化を起こす「瞑想」との出会いは、私の人生の根本を大きく変えてくれるきっかけとなりました。

では、実際に私自身が効果を実感している瞑想の中から、選りすぐりの4つの瞑想法をお伝えしていきます。

Lesson

07

1回たった3分！
豊かさの扉が開く「呼吸」の秘密

数ある瞑想の中でも、誰でも簡単にすぐにできる「呼吸法」があります。瞑想というと「無になる」ことを思い浮かべる方が多いと思いますが、そのように難しく考えなくても「呼吸に意識を向ける」だけで大きな効果を得られる「呼吸瞑想」をご紹介します。

1回3分！ 呼吸に意識を向けるだけで、集中力も記憶力もアップ

マルチタスクが求められる現代では、私たちの心は目的も無くさまよい、脳は疲れきっています。この呼吸瞑想を続けると、脳が「今、ここ」一点に集中しようとして、脳が疲れる原因となっている雑念にすばやく気付き、手放すことができるようになります。すると、ストレスは軽減され、集中力や記憶力がアップします。また、常に疲労困ぱいしていた脳は、徐々に「ストレスに強い脳」へと変化していきます。

最初は「毎日瞑想するなんて、できるのだろうか？」と感じるかもしれません。まずは初日、3日、そして1週間と続けていくうちに、心と身体でリアルに効果を感じられ、毎日の瞑想が楽しくなっていきます。

呼吸瞑想　実践

呼吸瞑想は、こんな時にオススメです。

・頭が疲れている
・心が落ち込んでいる
・何もやる気が起きない
・イライラして注意散漫になる

1．座り方：椅子に浅く腰かけ背筋を伸ばし、お腹をゆったりさせます。少し足を開いて足裏を床に付け、体を前後に揺すり、体がまっすぐになる位置を探ります。

2．姿勢と視線：あごを軽く引き、背中は坐骨に支えられ、まっすぐ上に向かうイメージで背筋を伸ばします。両手はヒザや太ももの上に起きます。手のひらを上にすると肩が外を向き胸が広がり、呼吸がしやすくなります。肩の力を抜いて、目は閉じるか、薄目をあけて視線を一点に落とします。

3．呼吸に意識を向ける：鼻で呼吸をします。何秒吸って何秒吐くという決まりはありません。自然に呼吸をしながら、鼻から出入りする空気や吸う息と吐く息の温度の違いを感じます。呼吸と呼吸の切れ目に意識を向けましょう。意識が集中できない時は呼吸にラベリングをするのも効果的。息を吸って1、吐いて2、吸って3、吐いて4…。10まで呼吸にラベルを付け、10まで数えたらまた1から始め、3分〜15分続けます。

4．雑念：「無になれない」と多くの方が言われますが、無になんてなれません。雑念が浮かんだからといって、ダメと自分を責める必要はありません。雑念が浮かんだり消えたりするのは、ごく普通のことです。途中で雑念が湧いてきたらそのことに気付き、再び呼吸に意識を戻します。

以上1〜4が呼吸瞑想です。いかがでしたか？ 3分間をとても長く感じたり、集中できないで3分と続かなかったりした方もいらっしゃると思います。でも安心して下さい。私も始めた頃は1分が限界でしたが、続けていくうちに段々と長い時間呼吸に集中することができるようになりました。まずは、1回3分から始めてみましょう。大切なのは毎日続けること。そして、可能なら、毎日同じ時間に同じ場所で瞑想をすると、習慣化しやすくなるのでオススメです。

Lesson

08

幸せなお金持ちになる「食事瞑想」

突然ですが、あなたは日々の食事の時間をどのように過ごしていますか？　無農薬や有機の野菜、それに無添加の調味料などにこだわっている方も多いのではないでしょうか。こんなふうに「食べるもの」にはこだわっていても、「食べ方」を意識している方は少ないと思います。食事瞑想とは、食事という行為そのものの「今、ここに」集中する瞑想です。

鬱になった当時の私も添加物を避け、有機野菜を取り入れるなど食材には気をつかっていました。けれども、「食べ方」に意識を向けたことはありませんでした。食事の時間はスマホでメールをチェックしながら、次の仕事の予定を考えながらの、「ながら食べ」を当たり前のようにしていました。実はその「ながら食べ」こそが、脳と心の疲労を生み、鬱や体調不良を誘発する原因になっていました。人間は食べないで生きていくことはできません。それなのに、当時の私は、自分の命の源となる食事の行為をおろそかにしていました。

これでは豊かな人生を送れるわけがありません。あなたの周りに幸せなお金持ちの人はいませんか？　もしいるならその食べ方に注目してみて下さい。

食事瞑想　実践

食事瞑想は、こんな方にオススメです。

・仕事のパフォーマンスが下がっている

・ついつい食べ過ぎてしまう

1. 食べようとする食べ物を10秒～30秒見つめ、その産地や由来を想像する。
2. その食べ物の見た目、匂い、唇に触れた感触に注意を向ける。
3. 口の中に食べ物を入れてみて、舌触りや唾液の出方を感じる。
4. 食べ物を噛んでみる。噛んだ時の感触や色々な味に注意を向ける。
5. 「甘い味覚はあるかな？ 苦さは？」と1つの食べ物で色々な味覚を探る。
6. 食べ物がどうやって作られ、ここまで来たのかに思いをはせる。
7. 口の中に入れた食べ物を飲み込んだ時、喉や食道の感覚に意識を向ける。
8. 食べ物が入った後の身体の感覚や重さを感じてみる。
9. たくさんの人のおかげで今、自分が食べ物を口にできたことに感謝する。

食べる瞑想で豊かになる

食事瞑想は「食べること一点に意識を集中させるトレーニング」です。続けていくと、脳疲労やストレスが軽減し、仕事の効率が上がります。また「ながら食べ」の食習慣が改善され、本当にお腹が空いた時にだけ食欲がわくようになります。間食や食べ過ぎを防ぐので、ダイエットにも効果的ですよ。

この瞑想のポイントは、食べる「スピードを落とす」ことと「ながら食べをやめる」こと。食事という行為を単に「お腹を満たすための作業」とせず、食べ物の色、香り、舌触り、時には手触りなどを味わう「五感で楽しむ特別な時間」にしましょう。3食全て実践する時間がない場合は、1日1食から始めて下さい。それも無理だという方は、最初の数口だけでも大丈夫です。たとえほんの数口でも実践すれば、これまでに感じたことのない感覚に必ず気付きます。

幸せなお金持ちでスマホを片手に食事をしている人はいません。豊かな人は食事をゆっくり楽しみます。いえ、ゆっくり味わい楽しんで食べるから、豊かになるのです。

Lesson

09

「歩けば歩くほど豊かに」なるウォーキングの極意

あなたは、毎日どれくらい歩いていますか？　実はただ歩くだけで、あなたの人生は豊かになっていきます。「え!? 歩くだけで人生が豊かになる？　ありえない！」きっとそう思われるでしょう。でも、本当なんです。あなたの人生がますます豊かになる「歩き方」をご紹介します。

歩けば歩くほど売上が伸びる!?

私はトレッキングが大好きで、2日に1回は夫と一緒に山や川、海に行き、ウォーキングやジョギングをします。以前は仕事が忙しいからと年に数回しか行かなかったのですが、今はお天気の良い日は必ず出かけます。仕事の時間は減りましたが、売上はここ数年ずっと右肩上がりです。はい、そうなんです。歩けば本当に人生は豊かになります。毎日の通勤や日々の買い物に出かける時の10分の「歩き方」を変えるだけでOK。秘密は「歩き方」にあります。

歩く一点に集中しよう

あなたは、歩いている時に何か考え事をしていませんか？　朝最寄りの駅まで行く時は仕事のことを、夕方帰り道を歩く時は晩ご飯のメニューをというふうに「歩きながら何かを考えている」のではないでしょうか？　私たちは何をするにも目の前の1つのことに集中しているのではなく、それ以外の別の事も一緒に考えています。そのような「心がさまよう時間」をできるだけ減らし、疲れにくい脳と心をつくることができれば、ストレスは減り集中力や創造力は格段にアップします。

集中力が高くなれば、短い時間で多くの仕事をこなすことが可能になりますし、創造力は付加価値の高いビジネスアイデアを生み出してくれます。実際に私は、大好きなウォーキングの時間を圧倒的に増やしたにもかかわらず、ビジネスの付加価値を上げることによって、以前よりも多くの収入を得ることができるようになりました。私のビジネスアイデアは、トレッキングを終えてホッと一息ついている時に「あっ！　これいいかも！」と湧いてくることがほとんどです。

歩行瞑想　実践

歩行瞑想はこんな方にオススメです。

・時間に追われている
・じっとしているのが苦手

1. 自然な呼吸をします。
2. 両足の足裏の感覚を感じてゆっくり歩き始めます。
3. 足の動きと感覚に集中します(足が地面から離れ、かかとが地面に触れる感覚)。
4. 重心が前に後ろに移動する感覚にも意識を向けます。
5. 左右それぞれ「足が離れる、前に出る、下がる、地面につく」4つの感覚に集中します。
6. 雑念が湧いて集中が続かない時は、4つの感覚を感じながら、足の動きと共に「右、左、右、左…」とラベリングしながら歩きます。

歩行瞑想は、歩くという一点に集中する、立派な瞑想です。1日15分実践するだけで脳がリラックスし、驚くほど集中力がアップします。通勤、買い物、他にも日常の中でいつでも実践できる、手軽な瞑想ですので、ぜひ試してみて下さい。

Lesson

10

お金を引き寄せる ベッドタイムワーク

睡眠不足の人は豊かになるチャンスです！　昔から「果報は寝て待て」ということわざがあるくらい、ぐっすり気持ちよく眠ることは、私たちが豊かな人生を送るうえで欠かせないことです。もし今、あなたが質の良い睡眠をとることができないでいるとしたら…それは大きなチャンスです！　なぜなら、この本をきっかけに睡眠の質を上げることができれば、あらゆることにおいて最高のパフォーマンスを発揮できるようになり、望む未来へと進む力が倍増するからです。

お金持ちは眠りをとても大切にしている

良質な睡眠をとると、体内では修復・回復を促す成長ホルモンが分泌され、新陳代謝が良くなります。また、脳を休め、自律神経の働きを整えると、ストレスの回復力や耐性が向上します。そう、睡眠の質は、脳、心、そして身体の全てに大きな影響があります。だからこそ、お金持ちは「眠り」をとても大切にしているのです。

どうすれば質の良い睡眠をとることができるのでしょうか？　仕事、子育て、人間関係の悩みなど、ストレスの多い現代では、日本人の5人に1人が不眠の悩みを抱えているそうです。不眠症は免疫力や記憶力を低下させ、鬱、肥満、生活習慣病、ガンや認知症のリスクを高めます。良質な睡眠を確保することは、命と豊かさを守ることなのです。私は睡眠の質を上げるために午前中に太陽の光を浴び、夜はスマホを寝室に持ち込まないで、眠りに入る前にこのベッドタイム・メディテーション（瞑想）を行っています。世界のエリート達が行っている瞑想法をぜひあなたも実践してみて下さい。

ベッドタイム・メディテーション（瞑想）実践

良い睡眠がとれている人も、そうでない人も、全ての人にオススメの瞑想です。

1．姿勢

ベッドや布団に仰向けになり、足を肩幅に開き、両手は天井を向けて身体に沿わせます。全身の重みが地面に向かって流れ、重力に誘われて身体が深く沈むことをイメージします。

2．呼吸に意識を向け観察する

自然な呼吸をしながら、自分の呼吸のスピード、長さ、深さを観察します。

3．呼吸を身体全体に広げる

呼吸の観察の後は、生まれたての赤ちゃんがするようにお腹いっぱいに空気を吸い、ゆっくり吐き出しながら呼吸を身体全体に広げていきます。

4．吐く息を長くする

次に鼻で息を吸って口でハーっと音を出しながら息を吐きます。ポイントは、吸う息より、吐く息を長くすること。例えば3秒吸ったら4秒吐きます。可能なら3秒吸って倍の長さ6秒吐くと、より効果的です。心地良く、苦しくならない呼吸の秒数を自分で自由に設定します。

吐く息を長くすると、呼吸のリズムと深さが変わっていくのを感じられます。練習を重ねると深い呼吸ができるようになり、脳と心と身体はとてもリラックスし、ゆったりとした睡眠モードに切り替わります。寝つきが良い悪いにかかわらず、毎晩このベッドタイム・メディテーション（瞑想）を繰り返し続けることで、毎朝の目覚めが爽快になり、仕事のパフォーマンスが格段にアップします。

Lesson

11

自然とつながりたい！本能のままに

人が1日の大半を室内で過ごすようになったのは、人類史上でみればごく最近のことです。人類は、1日のほとんどの時間を野外で過ごしながら、自然と触れ合っていました。そんな状況で人間の脳は発達してきたので、脳は自然と触れ合うことで認知能力が伸びるようにできています。にもかかわらず、現代人は、1日の大半を屋内で過ごしています。

「屋外」で過ごすことで、「今、ここに意識を向ける」状態になりやすくなります。私は屋外で過ごす時間を増やすために、元々好きというのもありますが、少なくとも1週間に1～3回は必ず自然の中で運動することを習慣にしています。この自然の中で行う運動のことを「グリーンエクササイズ」と言います。鬱になった経験から、自然の中で過ごす大切さを実感しています。

グリーンエクササイズは、瞑想と同じ効果があり、ネガティブな脳内おしゃべりやマインドワンダリングを減らすことができます。自然の中で運動すると言っても、遠い所へ出かけなくても、景色の良いお気に入りの道でウォーキングするだけで十分です。それだけで自己批判や自己攻撃が減ることが研究から分かっています。バス通勤を歩行瞑想に変えたり、1駅前の駅で降りて歩いて会社に行ったりするのも効果的ですね。

グリーンエクササイズのやり方は、ただ「自然の中で運動する」だけ。自然の中で運動をすると、脳疲労が改善されます。それは、とても気持ち良く、今ここを感じることができ、新鮮な空気、鳥のさえずり、木の葉の揺れる音、頬をつたう風など存分に自然を楽しめます。

激しく滝の流れ落ちるのをじっと見ていると、なぜか心が落ち着くのを経験したことはありませんか？　あれは、まさに瞑想状態です。今ここに集中して滝の流れを見ているわけです。とっても美しい夕日を見たり、壮大な大自然の景色を前にしたりすると、なぜか安心したり、何かに守られているような感覚になったりします。または、何でも許せたり、自分が悩んでいたことがちっぽけに思えたりします。そういう状態をプロスペクトと言います。グリーンエクササイズをすると、プロスペクトが高くなり、自己批判や嘆きが減ります。

人間には、元々「自然と必ずつながっていたい」という切望が本能にあります。ですので、心がモヤモヤする方は、まずは「自然」に触れることがオススメです。カウンセリングを受けてじっくり話を聴いてもらい、問題を整理する方法も有効です。ですが、悩みを誰かに聴いてもらうことがパターンになっている方は、自分の行動パターンを変えるために、場所をガラリと変え、五感で受け取る情報（視覚、聴覚、嗅覚、味覚、触覚）を変えることにチャレンジしてみて下さい。広い自然に身をゆだね、広大な景色やきれいな空気といった、いつもと全く違う場所に行くと、多くの気付きが起こり、アイデアがひらめき、問題解決能力が高まります。

人間は大切だと思うものが決まっていて、例えば子育てを長年していれば子供優先という考え方がしみついています。思考も行動も自分で変えようとしなければ、変わることはありません。その一番効果的な方法が、目の前の景色を変えること、環境を変えることです。屋外で過ごす時間を少しでも増やして、自然を感じる時間を持つようにすると、これまでの悩みや考えに変化が表れるのを感じることができます。

Lesson

12

瞑想で仕事の効率が良くなる

第1章の瞑想では、呼吸瞑想、歩行瞑想、食事瞑想、そしてベッドタイム・メディテーション（瞑想）の4つの瞑想をお伝えしました。呼吸瞑想は、ただひたすら呼吸をカウントしていきます。呼吸瞑想の良さは、心があちこちにさまようマインドワンダリングがなくなり、脳内おしゃべりも止まることです。

目を閉じて呼吸に意識を向けると、必ず途中で色々なことが頭に浮かんできますので、その時は「また、わたし違うこと考えてるな」と気付いて、呼吸に意識を戻します。それだけでOK！ 実は、この「呼吸に意識を戻す」ことに大きな効果があり、瞑想を続けていると普段の脳内おしゃべりが少しずつ減っていきます。

瞑想中に、色々なことが頭に浮かぶので、「瞑想ができていない」と気にされる方は多いですが、全く構いません。いっぱい汗をかくといいように、いっぱい脳内おしゃべりをしても大丈夫です。脳内おしゃべりをしていても、呼吸に意識を戻すことで、脳疲労が改善されます。

マインドワンダリングも脳内おしゃべりも、「今、ここ」に意識がなく、過去や未来のネガティブなことが脳をさまよっている状態です。瞑想でそれらをストップすることは大きな意味を持ちます。

数年前、瞑想をセミナーでやり始めたころは、3分間じっと座っているのも辛い方が大勢いました。目を閉じてじっとしていると、「あれを忘れてた」「これ、やっといたら良かった」などということが頭の中でグルグルと駆け巡り、瞑想が3分ともたなかった方が多くおられたのを思い出します。半年以上続けていると、皆さん20分くらい余裕でできるようになりました。

脳内おしゃべりは、仕事をバリバリしている人にも多いです。じっとしていられず、常に何か考えているからです。本当は常に何か考えているよりも、スイッチのON・OFFがあったほうが、仕事のパフォーマンスは抜群に良くなります。

私たちは、情報社会の波にのまれ、処理しきれないほどの情報を受け取っています。江戸時代の人が1年で受け取る量を、1日で受け取っています。脳の構造自体は変わっていないのに、情報量が膨大に増え、処理しきれていないのです。いつも心が忙しく動き回り、常に思考した状態で、どんどんパフォーマンスが落ちていきます。

スマホのアプリがたくさん起動していたら、スマホは動かなくなりますよね。不必要なアプリを終了させると、またサクサク動くようになります。パソコンも同じで、数多くのウィンドウを起動させていると、レスポンスが遅くなりませんか？回らないパソコンで、いくら一生懸命仕事をやったところで、効率はものすごく悪くなります。仕事が思うようにいかず、イライラして余計に仕事が進まなくなる悪循環に陥ってしまいます。私たちの脳も、多くのアプリを終了させると、パフォーマンスが一気に上がります。

瞑想は1日15分以上続けるといいと言われています。朝少しの時間、1回3分程度から始めてみて、ぜひ瞑想を日常に取り入れて習慣化して下さい。疲れた心、脳、そして身体はリセットされ、仕事の効率が格段にアップします。

Lesson

13

瞑想のお悩みベスト3
「無になれない。時間がない。
好きになれない」対処法

瞑想が私たちにどれだけ多くの恩恵を与えてくれるかということをお伝えしてきました。ここでは、多くの方から私のところに寄せられる瞑想のお悩みベスト3について、対処法をお伝えします。

1. 瞑想中に色々なことが頭に浮かんできて、どうしても無になれないんです。
2. 瞑想する時間がなくて、瞑想を続けることができません。
3. 瞑想がどうも好きになれません。

一番多い「瞑想中に色々なことが頭に浮かんでしまう」方には、ズバリ！「色々な考えが浮かんでも全然ＯＫ！全く問題無いです」と断言します。瞑想していきなり無になれる人なんてそうそういません。なので、安心して下さい。無になれなくても瞑想の恩恵は十分に受け取ることができます。

私も瞑想を始めたばかりの頃は、呼吸に意識を向けているのは最初の数秒だけ。気付けば「明日はどんな段取りだったっけ？」とか、「あ！メールの返信するの忘れてた！」など脳内でたくさんのおしゃべりが始まり、わずか3分間座り続けることがとても苦痛でした。今はその苦痛が心地良さに変わりました。今でも何か大きな問題を抱えている時は、呼吸への意識を忘れ、瞑想中に問題のことを考えていてハッとすることがあります。でも、それでいいのです。なぜなら「意識がさまよっている状態に気付く→今、ここに意識を戻す」この繰り返しこそが、脳疲労を改善し、集中力を高めるトレーニングになるからです。

二番目に多い「瞑想する時間がなくて、瞑想を続けることができないんです」というお悩みについて。そんな方にぴったりの瞑想法があります。1回3分の呼吸瞑想からスタートし、1日に3分を6回行う方法です。朝起きた時、朝食を食べる前、昼食を食べる前、お昼休憩の時、夕食の前、寝る前というふうに呼吸瞑想を6回に分けます。1回3分でいいので呼吸を意識する時間を取りましょう。

すると、それだけの事なのに、気持ちが落ち着いたり、心地良くなったりするのが分かります。普段忙しい人ほど、ほんの少しの時間を取るだけで「想像以上にスッキリしました！」と驚かれる方が多いです。

最後に「そもそも瞑想が好きになれないんです」という方への回答です。私も始めた頃は全く瞑想が好きではありませんでした。それでも続けたのは、感情のコントロールができるようになりたかったからです。

瞑想を好きになる必要はありません。瞑想は、筋トレと同じ、脳と心のトレーニング。例えば「腕立て伏せが大好きなんです」という人や「腹筋がめちゃくちゃ好きです」という人って少ないですよね。私たちの年代の女性はなおさらです。

でも、好きではないけれど毎日、腕立て伏せや腹筋をしているとどうなっていくでしょう？　そうです！　腕がほっそりしてきたり、お腹が引き締まってきたりします。自分が望んでいる状態になったら、そこからは体型を維持するために続ける人もいれば、お休みしたり、回数を減らす人もいるでしょう。瞑想も同じです。好きになる必要はありません。

とにかく最初はまずは2ヶ月を目安に淡々と毎日少しの時間から続けてみましょう。瞑想のコツは「むやみに努力しない。変化を期待しない。淡々と続け、ただ起きたことをそのまま受け入れる」ことです。

Column
コラム

「本物の自信」を育む力

幸せなお金持ちが必ず持っている「5つのパワー」の全ての土台となるマインド、それは…ズバリ！「自信」です。自信は全ての豊かさにつながっています。5つのパワーを育てるためには、その土台となる「自信を育む」ことが大切です。自信を育む力は、「どんな時も自分を応援する心」から生まれます。失敗しても決して自分を責めることなく、どんな時も自分の能力を信じ、あらゆる問題を乗り越えてゴールを達成します。何があっても自分を応援する心こそが、幸せなお金持ちになるために最も重要で最も必要不可欠なマインドなのです。

ここで質問です。あなたには、自分を心から「応援する心」がありますか？どれだけ失敗しようとも自分を責めずにゴール達成を応援する心をあなたは持っているでしょうか？もしあなたが今、「自分のことを心から信頼し応援しています！」と言える状態だとしたら、たとえ今お金がなくても、将来は必ず豊かになります。なぜなら、お金持ちの人達は、全員が全員、生まれた時から裕福だったわけではありません。生まれ育った家庭は貧しくても、そこから一念発起し、自分を応援し続けて豊かになった人は世の中に大勢いるからです。

例えば私の場合。私は23年前、32歳の時に起業しました。当時、女性起業家は周りには全くいませんでした。起業どころか30歳すぎて1人暮らしの独身女性は「人間としてどこか欠陥がある」とみなされる時代（今思えばウソみたいな話ですけど…当時は本当にそういう時代だったのです！）。そんな時代に突如、親を呼び出し、いきなり「起業したい」という話を持ち出したのですから、それはもう大変です。普段から激情型の父の怒りはすさまじく「何!? 世間知らずの30過ぎの行き遅れ女が店を持つだと!? おかしなこと考えてる暇があったら嫁に行くことを考えろ!!!」と憤怒していました。

静まりかえったホテルのロビーに父の怒声が響き、周りの人たちは、いぶかし気にこちらを見ています。私はすぐに「お父さん、ごめん！私が甘かった。二度と自分でやるなんて言わない！ごめん！」とひたすら謝りました。

そして帰り道。私は電車の中で、「絶対の絶対に！何があっても必ず成功してやる！」と1人でメラメラと闘志を燃やしていたのです。実はその時点で、私は既に起業して雑貨屋を開業していました。ただ、バレたら面倒なことになるかもしれないという予感がわずかにあったので、様子を見ながら話をしました。ところが、想像以上の父の剣幕に、ここはひとまず言うことを聞いたフリをしてトラブルを回避しようと考えたわけです。もちろん、当時の私には、お店が成功するかどうかなんて分かりません。ただ「父がどれだけ私をさげすもうと、私は私を応援する！」と思うことはできました。「私は絶対に幸せになる！」と自分を応援し続けること。この「自分を応援する心」こそが、本物の自信を育む力だと私は思います。

「自信を育む力」には本物の力と偽りの力の2種類があります。その決定的な違いは、本物の力は「無条件」に自分を応援しますが、偽りの力は「条件付き」で応援するところです。あなたの自分への応援はどちらですか？多くの人は、自分のことを条件付きで応援しています。豊かさを創造するためには、無条件で自分を応援する必要があります。

第2章 ━ お金の心理学レッスン「自分を慈しむ」

Lesson

14

全ての豊かさにつながる
本物の自信の作り方
～自慈心を育てる～

本物の自信は、無条件に自分を応援し、「自分のことを信じる心」です。一体どのようにすれば、自分の考えや価値観を信じられるようになるのでしょうか？　その全てのカギを握るのが、この章でお伝えする「自慈心を育てる」ことです。自慈心とは、文字どおり「自分を慈しむ心」で、どんな自分でも大切に思いやる心のこと。自慈心が育つと、他者の言動に振り回されなくなります。

自慈心を育てる3つのステップは次の通りです。

1. 自分に優しい言葉をかける
2. 人間は誰もが不完全だと知る
3. 事実をただありのまま受け止める

1. 自分に優しい言葉をかける

まずは、あなたが大切な人に向ける優しさを、自分自身にも向けて下さい。他人には絶対に言わないようなひどい言葉を、脳内おしゃべりで自分自身には平気で言ってしまっていませんか？「なぜ、こんなこともできないの？」や、「どうして、こんな簡単なことでミスをするの？」などです。何十回、何百回と何日にもわたって自分を責め続けます。その結果、辛辣な言葉を浴び続けたあなたの脳、心、そして身体までもがダメージを受け、パフォーマンスは著しく下がります。

ダメな時にはお尻を叩いて自分を奮起させ、何かを成し遂げることもあります。ただ、そんなことを続けていると一時的には良くなっても、どこかで必ず身も心も破綻してしまいます。本物の自信をつけるためには、大切な人に向けるのと同じくらいか、それ以上に自分を励まし、慈しみをもって接します。今この瞬間からあなたも、誰よりも愛すべき自分自身へ、優しい言葉をかけてみて下さい。

2. 人間は誰もが不完全だと知る

自慈心を育てるための2つ目は、自分を含め「人は皆、誰もが不完全な存在だ」という事実を受け入れることです。どんなすごい人も、必ず不完全な面があり欠点だって持っています。病気や事故から、日々の生活のちょっとした出来事まで自分ではどうにもならないことばかり。「人間はみんな不完全で、欠点があって当たり前」という前提を常に心の片隅に置いておき、どんな出来事もフラットに捉えることを意識します。そうすれば、自分への厳しさが和らぎ、不必要に落ち込んだりイライラしたりしなくてすみます。その結果、真の自信が育まれていきます。

3．事実をただありのまま受け止める

3つ目のステップは、「今、ここ」に意識を集中させ、現状のありのままを、ただ観察することです。一番のポイントは過去や未来ではなく、今ここの現状に意識の〝カーソル〟を合わせること。過去も未来も関係なく、たとえ不本意だったとしても、良い悪いの評価やジャッジはしないようにします。ありのままに「〇〇が起きている」と認識し、勇気をもって受け入れましょう。

いかがですか？　今のあなたにとって不本意な状態でも、まずは「人間なんだから完璧なんてありえないよね。大丈夫、少しずつ乗り越えていこう」と自分で自分に、優しい励ましの言葉をかけてみて下さい。続けていれば、ネガティブな感情は少しずつ鎮まり、何があっても穏やかな気持ちでいられるようになり、自然と本物の自信を持てるようになります。

Lesson

15

自慈心と自尊心の違い

ここでは自慈心と自尊心の違いについて説明します。自尊心と自慈心の違いとは一体何でしょう? 両方とも似ているようで、実は相反するものなのです。

他人から褒められても非難されても、変わらないのが「自慈心」です。自慈心は他者の評価に左右されません。反対に「自尊心」は、他人から褒められれば高まり、けなされれば下がります。

例えば失敗して周りに批判された場合、自慈心が育っていないと、自尊心は一気に下がり、行動を起こせなくなります。褒められれば嬉しいですし、それが成功体験となり、自信がついたような気持ちになります。ですが、それらは他者からの評価にすぎません。

一方、自慈心の高い人は失敗しても成功しても、いつでも必ず自分のことを慈しみ続けます。こうしてどんな時も自分を慈しむことができれば、ビジネスもプライベートもうまくいきます。成功している人も、もちろん失敗は恐いです。でもどんな事があっても「自分を慈しむ」ことができるから、恐いながらも行動し、新しいことに挑戦することができるのです。

ただ、多くの人は自慈心を育てることができないでいます。なぜなら「自慈心を育てる」ということを学校でも会社でも学ばないからです。

自慈心を持っている人は、自尊心の乱高下が少ないです。自慈心を持っていても、他者から批判や非難を受けた時には、もちろんショックを受けます。ですが、自分も他者と一緒になって自分を批判することはありません。それは、どんな時も自分を慈しむ心が育っているからです。

自慈心を持っていない人は、他者から非難されると「本当に私ってダメだ」「やっぱりできない」と落ち込み、自分を責めます。これは結局は自分も他人と一緒になって、自分自身を批判や非難していることになります。そんなひどいことをされれば、思考がストップし行動もできなくなるのは当然です。

自分で自分を批判したり非難したりして、「なぜ、あんなことをしてしまったのだろう」、「こんなことをするから失敗してしまった」という考えでいる限り、次のステップへ動き出すことはできません。それよりも、「一生懸命やったけれど、失敗してしまった。ごめんなさい」、「これからは、こんなふうにしていこうと考えています！」と未来に提言するほうが、自分だけではなく、周りにも良い影響を与えます。

自尊心は自慈心という土台の上に成り立っています。それは決して、何もかもを無理矢理ポジティブに考えるといった、偏ったポジティブシンキングではありません。失敗は認めつつも「次はもっとこういうふうに改善していこうね」と、自分に声をかける優しさや余裕が大切です。

自慈心を持っている人は、自分に優しい言葉をかけ、人間は完璧ではないことを知り、良きも悪きもありのまま受け入れます。人生を豊かに生きるうえで、自慈心はとても大切な心のあり方です。

Lesson

16

全ての人間関係が良くなる、
たった1つのこと

自分に優しい言葉をかけるのがいいと分かっていても、「私ってやっぱりダメだ」とセルフトークをしてしまうことがあります。ありのままを受け入れなくてはと思っていても、ジャッジをして現実にはできないこともあります。

こんな時、「私にはできない」と決めつけるのは逆効果です。自慈心を育てることができなくて、「自分はダメなんだ」と自己批判をしている人が、とても多いと私は感じます。

失敗しただけでもショックなのに、そこから更に自分で自分を批判してしまうのはなぜなのでしょうか？

その原因は心の仕組みにあります。心は予想外のことが起きると、その状況から何とか自分を守ろうとする働きが作動します。

例えば何か失敗をしてしまった時、誰かに批判されるかもと予測し、自分が批判されないように自分を守ろうとします。その「守る」時に人は「戦う」、「逃げる」、「止まる」の3通りのどれか、またはそれら全てを行います。

戦うは「要らないです。何なのよ！」と返すこと、「逃げる」はその場から立ち去ること、そして「止まる」は頭が真っ白になることです。

3つとも、人間の防御システムです。心の防御システムが、自分への批判となって表れているのです。


人は自分を守ろうとする時、事実を歪めて受け取ることがあります。

例えば彼が普通に「勝手に僕の部屋を掃除しないで」と言ったとします。

もしもありのまま捉えるなら、彼は「掃除しないでほしい」と言っただけです。

ですが、もしそこであなたが「何なのよ！」と怒ったり、ショックで頭が真っ白になったりするとしたら、それは心の防御システムに自動的にスイッチが入った結果、事実を歪めて受け取り反応しているからです。

彼はあなたを責めていないし、嫌ってもいません。ただ「掃除しないで」と言っているだけなのです。


出来事をありのまま捉えることがトレーニングによりできるようになると、自慈心が育ちます。

「自慈心を育てる」このたった1つのことで、パートナーシップを含む全ての人間関係が良くなっていきます。

他者の評価に左右されないというのは、人の言っていることを、そのまま事実として受け止められるということ。素直に受け止められるといいことばかりですよね。自慈心が低いと出来事に意味づけをしてしまい、そのことが逆に問題をこじらせていることも多々あります。

家庭がもめていたり、職場の人間関係がうまくいかなかったりすると、仕事はうまくいくはずがありません。結局は幸せなお金は入ってこないことになります。

想像してみて下さい。色々なことにチャレンジできて、全ての人間関係がうまくいくことを。もう、あとは幸せになっていくだけ！

あなたにも必ず自慈心を育てることができます。今日から、自分に優しい言葉をかけてあげて、事実をありのまま捉える。そんなことを意識してみて下さいね。

Lesson

17

自己分析ツールを使う

「ありのまま捉える」ことは、やっぱり難しいと感じている方も多いと思います。私たちは日ごろ、いかに他者の言葉に左右され、事実に意味づけをしているか。レストランでの一場面を例に「自慈心を育てる」を、ワーク形式でご説明します。

ものすごく腹が立った出来事があった時、それを紙に書いてみます。例えば、「先日、たまたま入ったレストランの店員が無愛想で、そのうえオーダーしたパスタが出てくるのに30分以上かかってしまいました。さらに出てきたパスタはひどい味。30分以上も待たされただけでもイラつくのに、そのうえ味まで悪いと、もうイライラはピークに。我慢してパスタを食べて、会計の時に怒りの感情をあらわにした態度で支払ってしまいました」。

後から振り返ると、すごく恥ずかしい気持ちになります。そこまで感情的にならなくても、と。ネガティブな出来事をこうして紙に書くだけで、冷静になれますね。

あなたは、このパスタ屋さんの出来事について、友達から聞く側になって下さい。友達が、あなたに話します。

「今日ひどいことがあって。もう入ったらパスタは30分出てこないし、出てきたと思ったら最低最悪にまずかった！　腹が立つからレジで思わず釣り銭投げて立ち去った。今とても落ち込んでる」。

このお話を、自慈心を育てる3つのステップに当てはめます。

1．友達（自分）に優しい言葉をかける

このような話をされたら、「そうなんだね」、「店員さんがすごく無愛想なうえに30分もパスタが出てこなかった、それはイライラするよね。それは本当に不快な出来事だったね」とまずは友達に共感します。

2．人間は誰もが不完全だと知る

「人間は誰もが不完全である」を知っていれば、「似たような状況になったら、多分誰でもイライラするよね」「本当に辛かったと思うよ」と声をかけることができます。友達は、そう言われるとすごく安心するでしょう。

3．事実をただありのまま受け止める

この経験したことを「ありのまま」、軽んじることもなく、話を膨らませることもなく、もちろん批判することもなく受け止めます。そのうえで、起きた出来事をそのまま書きます。

「仕事が立て込んでランチが1時間遅れた。たまたま入ったお店の店員が無愛想だった。注文したパスタが30分後に出てきた。そのパスタが美味しくなかった。イライラした」以上！となります。

3つのステップが、自慈心を育むステップです。友達に起きた出来事として捉えると、客観的に見ることができますね。友達を自分に置き換えてみて下さい。自分に同じような「パスタ事件」が起きたら、3ステップのように自分に優しい言葉をかけてあげるといいですね。起きた出来事に対して、自分がどんなネガティブな感情が湧いて、どんな思考になったのか。最後に自分で自分を分析しましょう。自慈心を育てる3つのステップは、自己分析のツールにもなり、自分自身を俯瞰的に見ることができるようになります。

Lesson

18

被害者と加害者は一緒にいるのが好き

私たちは、前述のレストランの話のように、自分に対するイライラや相手に対する腹立たしさなど、さまざまな感情を持ちます。そして望んでもいないのに、同じようなことが繰り返されます。例えば、子供がイタズラをしたら、きつく叱ります。すると、子供はまた同じことを繰り返す。そしてまた子供を叱る。なぜ、望んでもいないのに同じことが繰り返されるのでしょうか。それには理由があるのです。

子供がイタズラをするのと、母親が叱ること。店員さんが無愛想なのと、自分が腹が立つこと。何だか、よくできたペアみたいに見えませんか？

実はこれ、れっきとした「○×ペア」なんです。

子供は×、母親である自分は○。店員さんは×、自分は○。このような物事の捉え方を、「人生の基本的な構え」と言い、全部で4パターンあります。

4つの基本的な構えは、どれが良くてどれが良くないというのはありません。良し悪しではなく、先ほどのパスタ事件のような出来事が起きた時、とっさにどういう基本的構えになるのか、それが分かると、人との関わり方のクセを知ることがで

①自分は○、相手も○

②自分は○、相手は×

③自分は×、相手は○

④自分は×、相手も×

		相手	
		○	×
自分	○	①	②
	×	③	④

きます。

自分が○、他者も○になるのがベストではあるので、自分の基本的構えが分かっていれば、どうすれば○と○になれるのかを考えることも可能になります。自分の基本的構えが分からなければ、どうすれば○と○になるかにも、考えが及びません。まずは、自分を知ることが大切です。

「自分が○、他者が×」の人と、「自分が×、他者が○」の人とは、○は支配する側で×は支配される側というふうに、ペアになりやすくなります。そこに生まれるのが「共依存」と言われるものです。これはどっちが良いとか悪いとかではなく、それぞれが自分たちのストーリーを無意識に作っているのです。

子供のテストの点数が悪い場合の、お母さんが子供を叱る例を見てみますね。

「また、そんな点とってきたの」や、「やっぱりダメだったじゃない。どうしてもっと勉強しなかったの?」と言う時、「母親である自分は〇、子供は×」という基本的構えになっています。

子供は、このように言われると平常心ではいられないので、間違いを起こしやすくなります。かけられた言葉により、セルフイメージが決まるので、「やっぱりダメじゃない」などと言われると、セルフイメージは下がってしまいます。

子供のテストの良し悪しよりも、大切なことは、お母さんの自慈心を育てることです。

「子供のテストの点数が良くないとショックだよね」と自分に優しい言葉をかけ、「人間は皆、不完全だ」ということを知り、「テストが□点だった」という事実のみをありのまま捉えましょう。

お母さんの自慈心を育てることで、子供との関係が良くなり、「母親である自分は〇、子供も〇」というベストな基本的構えに変えていくことができます。

Lesson

19

自分を生きるか、
犠牲者になるか

女性は結婚や出産などでステージが変わり、それによってライフスタイルが変わります。結婚すれば家事を、出産すれば育児と家事を担い、そして仕事もします。中には、仕事を途中で辞めざるを得なかった人、子育てに専念したいから辞める選択をした人もいるでしょう。結婚して旦那さんの転勤で引っ越しをしたり、義理の両親と同居したりすれば、自分の意志には関係なく日々が動くことになります。

そういう世の中において「人に合わせる」女性が多いように、私は感じます。特に50代以上の人は世代的に、寿退社をし、出産して家庭を持ち幸せに生きるという、ある意味「枠」の中で生きてきました。もちろん100%ではありませんが。それは、自然とそうなったことであり、自らが望んだことでもあります。ですが、小さな「人に合わせる」ことの積み重ねが、やがて重い負担となり、どこか生き辛さを抱えてしまっているのではないでしょうか。

例えば、お姑さんに何か言われると「私がダメなんだ」、上司に注意されると「私ができないから」と思ってしまいます。こんな時「そうなんですね」と聞き流したり、「私は〇〇です」と自己主張したりすることもできるはずです。ですが、「人に合わせる」ことに慣れている人は、心理学のドラマトライアングルで言う「犠牲者」になっています。そして、そのポジションを自ら買って出ていることに本人は気付きません。

ドラマトライアングルには犠牲者、迫害者、救済者の3つのポジションがあります。どのポジションにいても無意識に各役割を担い、生き辛くなります。ですが小さい頃から担い続けている役割なので、私たちは無意識にそこに居続けます。三角形から抜け出そうとすると、とてつもない大きな恐怖と罪悪感におそわれます。また、残りのポジションにいる人たちも、誰かが抜けることにより三角形が成り立たなくなるので、抜けようとする人を引き止めます。

私の幼少期は、父の母に対するDVがものすごく、父が迫害者、母は被害者、私は救済者になり三角形が作られていました。自分なりに色々考えて、中学生の時からずっと助けようとしてきたけれど、何も変わらないことに苦しみました。母は結局、父のことが大好きだから、最後には父の言うことを聞いてしまいます。私はこの家にいたら頭がおかしくなりそうだと思い、19歳の時に家を出ました。私が家を出ると言った時、父と母にものすごく反対されました。私自身も、両親を置いて出ていくことに罪悪感を抱きました。まだ19歳でしたし、お金もないからこの先どうなるんだろうという不安もありました

結局、家を出て良かったと思っています。あの時に家を出なければ、自分を助けることはできませんでした。三角形の外に出てみると、中にいる時には分からなかったことが分かりました。それは父だけが悪者ではなかったということ。母も父にそうさせていた面がありました。

もしもこの本を読まれているあなたが、生き辛さを感じているなら、一度自分がドラマトライアングルの中にいないか、自己分析をしてみて下さい。例えば夫婦喧嘩をした時はいつもモヤモヤして、ケーキを食べてしまう…。そんなあなたから見たドラマトライアングルはきっと、夫が迫害者であなたが犠牲者、ケーキが救済者になるでしょう。でも実は旦那さんからみると、あなたは違うポジションにいるのです！ ドラマトライアングルはあなたの今までの無意識の役割に、大きな変化を起こす心理モデルです。

Lesson

20

自分と他者との間に境界線をつくる

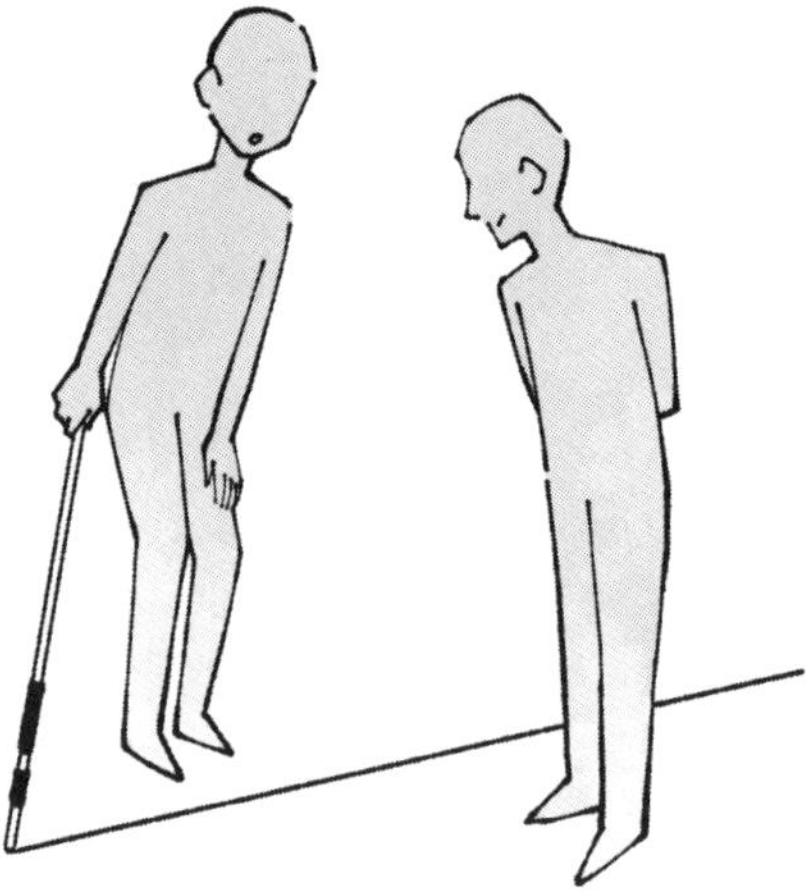

女性はほとんどの場合、結婚して男性の姓になり、子供が産まれると子供と一緒に多くの時間を過ごします。家庭のことは自分のこと、子供のことは母である自分の責任、といったふうに自分とその他をきっちり区別することが難しくなります。子供が小さいうちは、母子一体でも何ら問題はなく、むしろそのほうが愛情を注げる場合が多いです。ただ、子供が成長するにつれ、子供は子供、自分は自分というふうに別々の人格だということを認識する必要があります。子供と自分との間に境界線を引き、適度な距離をとることが大切です。

他者のことまで背負ってしまうと、自分はどうしたいかが分からなくなったり、やりたいことがあっても行動し辛くなったりします。なぜなら、自分の想いと人の想いが自分の中で混ざり、どれが自分のもので、どれが人のものか、その境界線が曖昧になってしまうからです。

幸せなお金を引き寄せたりシンクロニシティを起こしたりするためには、「適切なゴール設定」が必要です。適切なゴールは、自分が心から達成したいゴールであることが大切。ところが、本当は他者の想いなのに、自分のゴールのように無意識に設定してしまいます。親の期待を背負い名門校を出て一流企業に就職すること、幼い頃から母親が敷いたレールの上を歩くこと、これらが自分の望む道だと思い込んでいます。それは、自分と他者との境界線が曖昧なゆえに起こること、もっと言えば、親の期待を背負ってきた結果、境界線が曖昧になってしまったとも言えます。

子供の頃は親との境界線が曖昧なのは仕方のないことですが、自立しながら境界線は明確になっていくものです。それが、例えば母子2人きりや三角形（ドラマトライアングル）を作って生きてきた場合、境界線は育ちにくくなります。境界線をはっきりと引かないでいることが、生き延びるベストな選択だったからです。

他者の期待を背負うことは、その人の評価を気にしながら生きることです。親が「真面目に育ってほしい」と思っていれば、無意識に子供はその想いを背負い、真面目に生きようとします。いつの間にか自分自身が真面目だと思い込み、でもそんな自分は好きになれない自分もいるわけです。

あるクライアントは「私は真面目で几帳面な人間だ」と思い込んでいたのですが、

実はそれは「親の期待に応えようとしていただけだ」ということに気付き、「そこから人生が変わりました！」と言っておられました。それまでは周りも自分も自分のことを「真面目で几帳面な人間だ」と信じて疑わなかった。けれど、実際は真面目でも几帳面でもない！　と気付いたのです。その時から彼女は様々なことをゆるく大雑把にすることを自分に許し、今、人生がとても楽しいそうです。彼女が本当の自分を取り戻した瞬間でした。

もしも、今あなたが生き辛さから解放されたいのなら、誰かの想いや期待を背負うのをやめて下さい。たとえその人があなたに何を期待しようと、あなたのことをどう思おうと、それは「あなたの想い」ではありません。今こそ無意識にずっと担ってきた役割を捨て、自分が心から好きなこと、心から喜ぶことを選択し、自らが主役である人生を生きる時です。とは言っても、これまで他者との境界線なしで生きてきた方は、いきなり「自分の好きなことを」と言われても、自分が何を好きなのか？　が分からないかもしれません。まずは瞑想から始め、自分の心の声を聞き、そして自分に優しい言葉をかけてあげて下さい。

Lesson

21

自分に優しくする方法

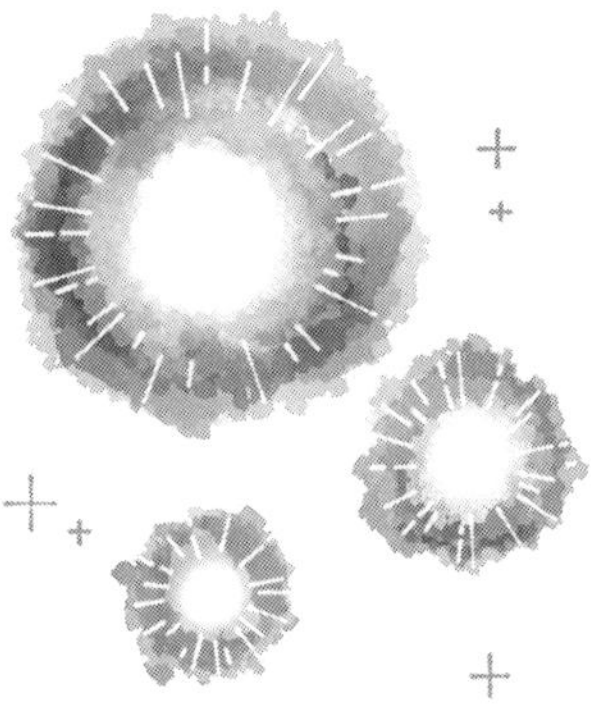

スキンシップの1つであるマッサージは、マッサージをしてもらう側とする側の両者に癒しの効果があることが分かっています。「触れる」という行為は、人の心に安らぎを与えます。自分で自分の心地よいところを触り、自分に優しくすることを、「スージングタッチ」といいます。例えば、手のひらで頬を触ったり頭をなでたり、腕で自分を抱きしめたり、手を膝の上に置いてじっとしたりします。人によって心地よい場所と触り方は違い、左右の手のひらを合わせること、右手で左手首を持つことなど人それぞれなので、自分だけの感覚でやってみて下さい。なぜいいのかと聞かれても説明のつかない、何かがあるのですが、それは理屈ではなく感覚です。色々な場所を自分でスージングタッチしてみて、ベストなところを見つけます。

次にスージングタッチをしながら、自分に優しい言葉をかけます。優しい言葉も人それぞれ違うので、自分はどういう言葉をかけられると優しさを感じるのか、色々な言葉から見つけ出しましょう。胸がザワザワしたり、胸が締め付けられたりしていませんか？ 自分の感覚をよく観察して、心から心地よいと感じる言葉を見つけ出して下さい。「本当によく頑張ったよ」、「大丈夫だよ」、「あなたは、一生懸命やってるね」「それで十分だよ」。自分に優しい言葉をかけながら、自分が心地よいところをスージングタッチします。自慈心を育てるのに、とても効果的なやり方なのでぜひ続けてほしいと思います。

自分に優しくするスージングタッチをしていると、そのまま心地よくなる人もいれば、そうでない人もいます。元々すごく自己否定が強い人には、バックドラフトという現象が起きます。例えば、手で頬を触っている時に、もうやりたくない！気持ち悪い！と突然スージングタッチが止まります。そして、そんな自分に驚きます。心地よくなると思ってスージングタッチをやっていたはずなのに、反対に気持ち悪くなったり、意地悪な気持ちが出てきたりします。こんなことしても、何も変わるわけない！といった感情も湧き出てくるので、本当に戸惑います。

これは、スージングタッチではよくあることなので、驚かなくてもいいですし、心配もいりません。大切なのは、気持ち悪くなった時に「バックドラフトが起きている」と自分で認識することです。

そして、バックドラフトが起きた時に湧き出る感情、怒り、悲しみ、不安、気持ち悪い…などに対して「名前」を付けます。例えば、怒りなら「イカリン」、不安なら「フアコ」といったふうに。

次に「イカリン」は身体のどこで感じますか？　胸、お腹、頭の後ろ、肩…どこでもいいので、自分の感情を感じるところを、少しタッチしてみます。そこは、どういう状態でしょうか？　硬い、熱い、冷たい、または痛いかもしれません。胸で冷たく感じるイカリンに、優しい言葉をかけてみて下さい。例えば「腹が立つんだね」と声をかけます。「腹が立つんだね」を繰り返しているうちに、だんだんと落ち着いてきます。イカリンを受け入れることが大事なので、腹を立てているならば、「大丈夫だよ」となだめないで、「腹が立つよね」「悲しいんだね」と共感して繰り返します。そうすると、静かな気持ちになり落ち着いてきます。落ち着いてきたら、意識を呼吸に向け、今度は呼吸をしている感覚を感じてみて下さい。

スージングタッチは心地よくなる人もいれば、気持ち悪くなる人もいます。気持ち悪くなった時は、このように自分の感情に共感し、自分に優しい言葉をかけてあげましょう。

Lesson

22

お金を引き寄せるための「本物の自信」

本物の自信をつくるための「自慈心の育て方」について、要点をまとめました。

自慈心を育てるための3ステップ

1. 自分に優しい言葉をかける
2. 人間は誰もが不完全だと知る
3. 事実をただありのまま受け止める

自己批判への対処

他者の言葉に振り回される人は、誰かに非難や批判をされた時、その人と同じように自分で自分を非難し批判します。

〈Aさん「何をやってるんだ」＋自分「わたしってやっぱりダメなんだ」〉

ダブルパンチで自分を非難し批判します。ありのまま受け入れることができれば、「Aさんは「何をやっているんだ」と言っている」という事実があるだけです。

自己分析をする

ランチで入ったお店の店員が無愛想、注文したパスタが出てくるのに30分かかったうえに美味しくない。誰もが腹立たしくて怒りをあらわにしてしまうような状況で、どんなネガティブな感情が湧いてどんな思考になったのかを自己分析します。

基本的構え

「この世界において何がOKで何がNGなのか」を把握する「人や事象の捉え方」を交流分析という心理学では「構え」と呼び、人生に対する基本的な構えになります。自分の基本的構えのパターンを知れば、「相手は〇、自分も〇」というベストな状態にするためにはどうすればいいかを考えることができます。

自分に優しくする方法

スージングタッチという方法で、自分で触れて心地よいところをタッチしながら、自分に優しい言葉をかけます。自分に優しくしているはずなのに、イライラしたり不安になったりするバックドラフト現象が起こった場合は、そういう自分をただ認識します。そして、自分に寄り添い、呼吸を感じながら自分を取りもどします。

自慈心が育たなければ、たとえ仕事で成功したとしても幸せを感じられないことがあります。私自身、仕事が成功し億のお金が入ってきたにもかかわらず、仕事でもプライベートでも全く幸せを感じられず、全てが停滞してしまいました。

目先の欲やお金のためだけのゴールは、設定しても途中で燃料切れになり、行動がストップしてしまいます。特に経営となると、会社は1人では動かせなくて、必ず人と一緒に仕事をしなければいけません。自慈心が育っていなかった私は、人間関係に不具合がたくさん起きました。経営者に求められる最も大切な能力は「経営理念（ゴール）」だと私は思います。経営理念は美辞麗句を並べて立てたお飾りではなく、経営者の根源的な人生観、人間力が映し出された明確なビジョンを併せ持つことが必須。それは社長本人の自慈心の高さの表れでもあると思います。

一連の流れをまとめてご説明しました。全ての土台は、何よりも「自慈心を育てる」ことです。なぜなら、自慈心が育てば、仕事もプライベートもうまくいき、幸せなお金を引き寄せることができるからです。自慈心が育ち、自分を根拠にした本物の自信がつくと、本当に引き寄せがたくさん起きるようになります。

Column
コラム

実践・自慈心を育てるワーク

「自慈心を育てる」を実践された吉田睦子さんの体験談をご紹介します。

①ネガティブな出来事

きっかけは、今になれば笑えるほどたわいない出来事でした。夫が自分流広島焼きを作ることにハマっていて、自分専用のソースを買ったのに、私が愛用しているオタフクソースばかりを使っていました。私のオタフクソースが無くなりかけて、
私「何で私のを使うの！ 自分で買ったソースを使えばいいのに！」
夫「なぜ、そんなことでキレるのか分からない！ しょーもない！ しょーもない！」

②自慈心を育てる3つのステップ

1．自分に優しい言葉をかける
「そりゃ、腹立つよね。夫にとってはどのソースでも同じかもしれないけど、関西出身の私は、ソースにはこだわりがあるんだよね。自分のソースを勝手に使われ

て嫌な気持ちになったんだよね、分かるよ」。

2．人間は誰もが不完全だと知る

誰でも、所有物や大切なものを他人に勝手に使われると、気分を害します。

3．事実をただありのまま受け止める

・夫が私のソースを無断で使った。

・夫の言った「しょーもない！」の連呼が、私の胸に突き刺さった。

・泣きたいような気持ちになった。

③人生の基本的構えについての自己分析

一見「私は○、相手は×」ですが、「しょーもない！」を連呼され、心の奥底で「こんな事ぐらいで、こんな態度を取ってしまう私は×」と自分を責めていました。

④自己分析をして得た気付き

なぜ、夫の「しょーもない！」という言葉に反応したのか？にフォーカスすると、幼少期に感じた想いが湧き上がりました。「みんな私を正当に扱っていない！しょーもない人間として不当に扱っている！」という心の叫びでした。みんなとは、両親や学校で私をいじめてきた人達のことです。

怒りに隠された本当の感情は「悲しみ」であることが自己分析により分かりました。そして、スージングタッチをしながらポロポロ泣けてきて、不当な扱いを受けてきた自分がかわいそうになりました。「大丈夫、大丈夫、私だけは私の味方だからね」。スージングタッチと優しい言葉を繰り返していると、心があたたかくなり、だんだんと落ち着いてきました。夫の「しょーもない」に感じた感情は、過去の心の叫びがカタチを変えて表れたものだと気付いたのは、大きな発見でした。

後日談です。夫が買ったソースはずっとマズイと思っていたのですが、ある日広島焼きに夫のソースを使ってみたら、とっても美味しかったのでびっくりしました。そして、私の思い込みの強さ、頑固さに自分で笑えました。それは、嘲笑ではなく、ほっこりとした笑いでした。

第3章 お金の心理学レッスン「シンクロニシティを起こす」

Lesson

23

シンクロニシティとは

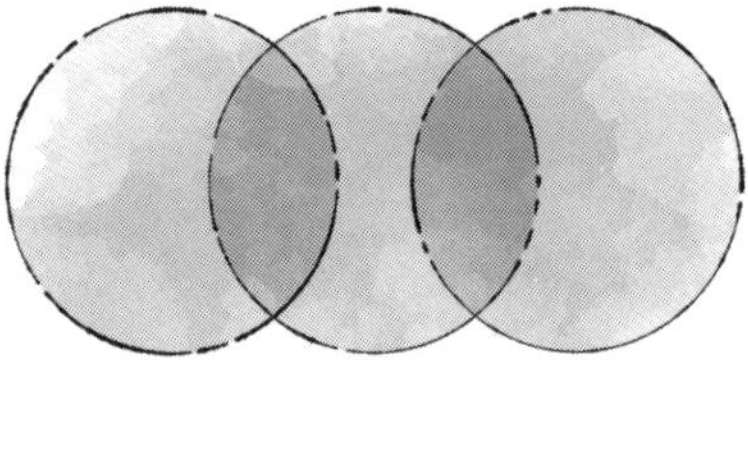

シンクロニシティという言葉は、関連する複数のことが、引き寄せられるように偶然にも同じタイミングで起きる時に「シンクロだ！」というふうに使われます。必要なタイミングで、必要な人とご縁がつながったり、必要な情報を得られたりする時に「シンクロニシティが起きた」と私たちは言います。

シンクロニシティというと、スピリチュアルっぽいと感じる方もいるかもしれません。私がこの章でお伝えするシンクロニシティは、単なる偶然や運がいいということでも、抽象的な内容でもありません。条件さえ整えば誰にでも実現可能ですので、ワクワクしながら読み進めて下さいね。

シンクロニシティを日本語に訳すと「共時性＝意味のある偶然の一致」です。重要なのは「意味のある」というところ。例えば「こんな人がビジネスパートナーでいてくれたら、仕事の幅がもっと広がって色んなことができるのになぁ」と思い浮かべていると、本当に目の前にそういう人が現れて、どんどんビジネスが広がっていった…そんな体験が何度もあります。なぜ、そんなことが起きるのでしょうか？

世界のトップリーダーや成功している人は、皆さん口をそろえて「私は、運が良かった」、「こんなにも偶然の幸運が起きた」と言います。「ものすごくお金に困り、生活はどん底だったけれど、偶然あることが起きて、そこから次々に色々なことが起きて今があります」と。結局、これはシンクロニシティの経験のことを言っています。本人に言わせると「たまたま、偶然に偶然が重なって起きた」ということ。

ですが、その偶然が起きる人と起きない人、なぜ両者いるのでしょうか？　成功している人には次から次へとシンクロニシティが起きて、成功していない人にはシンクロニシティは起きない。それは、なぜでしょうか？

実は、シンクロニシティが良い形で起こるための「条件」があることを私は発見しました。シンクロニシティが起きるには、2つの条件があります。

1．正しい認知

2．適切なゴール設定

1つ目が「認知」です。シンクロニシティは「意味のある偶然」と説明しましたが、意味を付けるのは他の誰でもない自分です。「起きたことをどう捉えるか」、それを脳科学や心理学では「認知」と呼んでいます。歪みのない認知を持っている人が、シンクロニシティを起こしやすくなります。ご縁や情報をチャンスと捉えて活かすことができればシンクロニシティを起こしやすくなり、チャンスと捉えなければ単なる一出来事で終わってしまいます。目の前のチャンスを逃さずに、必要なタイミングで行動を起こすことが、シンクロニシティを起こすカギとなります。

ゴールとは、未来に「こうなりたい」「こんなふうに人生を送っていたい」という目標です。ゴールを設定した途端に、ゴールを叶えるための情報が次々に入ってくるようになります。これは「偶然」と勘違いしてしまいそうですが、ゴールを設定すれば、無意識にゴールに関わる情報を脳が探し出すからです。

「運がいい」、「タイミングがいい」、それに「偶然が重なってラッキーだった」ということは自分で起こすことができます。シンクロニシティは、目に見えないあなたの知性なのです。

Lesson

24

シンクロニシティが起きる
1つ目の条件「正しい認知」

「正しい認知」とは、自慈心を育てる3ステップの3つ目、「今目の前に起きている出来事を、ありのまま捉える」ことです。ありのまま捉えていないことを「認知の歪み」と言います。過去の色々な体験から思い込みが強くなり、出来事に自分独自の意味（解釈）を付け、そういうものだと捉えます。

例えばお父さんが浮気して出ていき、幼少時にお母さんから「男はろくでもない」と聞かされていた過去があるとします。そうすると、「男は浮気をするものだ」という認知ができあがってしまいます。ですが、現実は世の中の男性全員が浮気するわけではありません。これが「認知の歪み」です。また、「男は浮気をするものだ」と無意識に思っているため、どんな人と出会っても男性をそういう目で見ています。

認知の歪みは第2章でお伝えした、人生の基本的構えとも関係しています。例えば「自分は×、人も×」という構えを持っている人は、無意識に自分が嫌われるように振る舞い、自分の信念である「自分は×、人も×」を現実化しようとします。「男は浮気をするものだ」という信念を持っている人の基本的構えは「自分は×、男も×」となっていることが多く、表面の意識は「今度こそ幸せな恋愛をしたい！」と切望しても、実際には相手から嫌われ、相手が自分から離れていく行動を無意識に繰り返します。そしてそれが現実になると「ほら、やっぱり男って浮気するよね」「やっぱり私って愛されない人間なんだ」と、自分が強く思い込んでいる（認知している）世界を立証し、納得し、更に思い込みを強めていくのです。

このように私たちの人生は、無意識の思い込み（認知）によってつくられています。もし今、あなたの人生が、望んだ形になっていないとしたら、それは無意識の領域に本来の望みとは別の強い思い込み（信念）が入っているからです。

私たちの人生は、自分が自分をどう捉えているか？　で決まります。例えば「私はお金に縁がない」という強い思い込みを無意識に持っている人は、たくさんのお金が入ってくる情報が流れてきてもスルーしてしまいます。「自分はお金に縁がない人なのだから、お金を手にする情報は必要ない」と脳が判断するからです。

セルフイメージ（自分に対する認知、思い込み）は収入に直結し、あなたの人生に大きな影響を与えます。だからこそ、自慈心を高めることがとても大切なのです。

同じ出来事が起きても豊かになれる人となれない人がいるのは「自慈心が高いか低いかの差だ」と言っても過言ではありません。自慈心の高い人は「歪みの無いニュートラルな認知」を持ち、自分や他者を下げる言葉を使いません。結果、有益な情報や応援してくれる人がどんどん集まり、豊かになっていきます。

１９６９年、米国スリーエム社で強力な接着剤の研究をしていた研究員が、簡単にはがれてしまう接着剤を作ってしまいました。別の研究員がその失敗作を「讃美歌集のしおりとして使えるのではないか」と思いつき、付箋紙として製品化することになりました。ポスト・イット誕生の逸話です。もしこれが単なる失敗作と捉えられていたら、ポスト・イットは生まれなかったでしょう。

全ての人に現実として同じ出来事が起きている世の中に、どのようにしてシンクロニシティを起こして、偶然の意味ある一致にしていくのか？　どうやって引き寄せを起こすのか？　それは、出来事をありのまま捉える正しい認知と、記憶により形成される信念に深く関わっています。

Lesson

25

シンクロニシティが起きる 2つ目の条件「適切なゴール設定」

シンクロニシティが起きる条件の2つ目は「適切なゴール設定」です。向かう方向が明確でなければ、シンクロニシティは起きようがありません。ゴールに意識を向けるからこそ、必要な情報やご縁が必要なタイミングで現れます。

人は起きた出来事や見えている情報を、全部受け取るわけではなく、受け取るものと受け取らないものを脳が取捨選択しています。全部受け取ってしまったら脳がパンクしてしまいますね。情報が目の前に流れてきた時、自分のゴールが明らかになっていれば、自分に必要で重要な情報を取ることができます。

必要な情報を取捨選択する段階で、ものの捉え方がニュートラルであれば、ゴール達成への重要な情報をキャッチでき、シンクロニシティが起きます。

どんなゴールでもいいわけではなくて、「適切なゴール設定」が大切です。適切とは何を指すのか？　例えば私のビジネスコンサルを受けて下さる方々に「月、いくら稼げるようになりたいのですか？」と聞くと「100万円」という答えがよく返ってきます。そして次に「その100万円を何に使いますか？」とお聞きすると、多くの方が、明確な答えをお持ちではありません。自分の本当にしたいことが分からず、社会で評価されそうなことや、家族や周りの人が喜びそうなことをゴールにしてしまっているからです。「これは本当は自分の夢じゃない」と分かっていてそれを望んでいる人もいれば、無意識に誰かの夢が自分の夢にすり替わっている人もいます。自分の心から望むゴールを見つけるのはとても困難なことなのです。

ソフトバンクの孫正義氏が会社創立初日の朝礼でミカン箱の上に立ち「自分はこの会社を豆腐屋みたいに1兆、2兆と数えられるくらいに儲かる会社にするんだ」と2人の社員に伝えたところ、2人ともが翌週に会社を辞めてしまったという話は有名です。でも孫さんがその時に語ったビジョンは現実になっています。ではなぜ現実になったのでしょうか？　それは孫さんがデジタル情報革命を起こす！　と心に決めていたからです。ビジネスで成功している人のゴールは、お金を得たその先に確固たる想いがあるのです。

お金に対する捉え方（認知）は収入に直結します。「あなたにとって、お金は大切ですか？」という問いに「大切だ」と答えた人と「大切ではない」と答えた人の20年後を比べた調査結果があります。「大切だ」と答えた人のほうが20年後の経済レベルが高かったのは言うまでもありませんね。ゴール設定で重要なのは自分が本当に望んでいるものを否定したり、おざなりにしたりしないこと。また、ゴールについて誰かに話す必要もありません。話すと協力を仰げる反面、ドリームキラー（あなたの夢を否定する人）が現れる可能性も高くなるからです。

ゴールとは、この先どうなりたいのか、どんなふうに人生を送りたいのか、未来の情景です。成功している人は、未来から今に時間が流れていて、過去を結果として捉えています。あなたは、未来が結果だと信じていませんか？ ですが、そのように捉えていると行き詰まってしまいます。お金を引き寄せるためには、過去を結果として捉えてみて下さい。

適切なゴール設定と歪みのない認知。この2つがあってシンクロニシティ、意味ある偶然の一致が起こります。

Lesson

26

“叶う” ゴール設定４つの法則

シンクロニシティが起きる2つ目の条件は「適切なゴール設定」です。ゴールを叶えるためには、「ゴールが叶った姿」をリアルに思い描くのが良しとされています。ですが、リアルにイメージして満足してしまったら、人は行動を起こそうとしなくなり、うまくいきません。ゴール設定に大切なことは「臨場感」。いかに臨場感のあるゴールを書けるかが、ゴールにたどり着けるかどうかにかかっています。

臨場感を出すために押さえておきたいポイントは4つです。

1. 言葉 words（ワード）
2. 映像 picture（ピクチャー）
3. 感情 emotion（エモーション）
4. 紙に書く

臨場感を高めるには、紙に書くゴール設定が「具体的」であることが必要です。例えば「ハワイに家族で行きたい」だけでは、臨場感は上がりません。ハワイの情景や、自分たちがそこにいるワンシーンが映像として見えるくらい、具体的に書きます。いる場所、見える景色、天気、気温、風、臭いもあるといいですね。そのシーンで、あなたは何を考え何を思っているのか、どういう感情が湧き出ているのか。

また、ゴールは「ストーリー」で書くのがオススメです。私の場合は、宮崎に行った時に宮崎が好きになり、自宅にもどると次のようなゴール設定をしました。

「私は宮崎の青島の海から朝日が昇ってくるのが見える高台の戸建てに移住して、広いリビングから瞑想ライブをしていると、空が少しずつ明るくなって、鳥のさえずりと共に、海から真っ赤な太陽が昇ってきた。瞑想を終えてからなんて美しい景色なんだろうとオンラインで見ているみんなで感動しながら、共に朝日を見ている。私の心は喜びと感動に震えている」。

これは、私が実際に紙に書いた文章そのままです。ストーリーと言っても3行〜5行で十分です。このたった3〜5行が、ゴールへたどり着くための最強の味方になってくれます。毎朝、この文章を読んでいると、臨場感がものすごく上がります。

その際、パソコンやスマホに入力するでもなく、待ち受け画面に写真を貼るでもなく、やはり最強なのは「手で文字を紙に書く」です。手を動かす動作は、キーボードをタイプする動作よりも、脳に多くの刺激を与えることが分かっています。その紙を声に出して読むと自分に言い聞かせることになり、ますます行動が変わります。無意識の領域が変わり、自分でも変化を実感できるようになります。

ダイエットしたいから明日から食事制限をする！と宣言しても三日坊主で終わってしまうのは、ゴールの臨場感よりも、今現実に目の前で起きていることの臨場感のほうが高いからです。ところが、未来の臨場感が現実よりも圧倒的に上がると、人は未来に向かって行動します。現実に違和感をおぼえる「認知的不協和」が起こり、未来に向かって行動しなくてはいられなくなるのです。例えば、ビキニを着てハワイで泳いでいる自分のほうが、今部屋でポテトチップスを食べている現実よりも臨場感がグッと高くなれば、その現実に違和感をおぼえ、未来に向かって行動していきます。

あなたのゴールはどんなことですか？ 臨場感のあるゴールを４つの法則にしたがって、紙に書いてみて下さいね。

Lesson

27

なぜ、ゴールへの途中で逆戻りするの？

叶えたいゴールを4つの法則を満たして紙に書き、ゴールへ向かって進み出したとしても、途中で逆戻りする時があります。例えば、肝心な時に子供が熱を出してしまったり、ケガをして手がかかるようになったり、してはいけない時に遅刻してしまったりします。そんな時は、実はゴール達成を回避しようという気持ちが無意識にはたらいています。やりたい気持ちもあるにはあるのですが、回避する気持ちが上回るということです。これは、ごく普通のことで、意志が弱いわけでも運が悪いわけでもありません。

脳は、やっぱり変わりたくないのです。変わらなくても生きていけるからです。身体にとって一番大切なのは「安全に生きる」こと。だから、脳がわざわざ変わろうとはしません。「そんなことないよ、絶対ゴールに行きたい！」と思われるかもしれませんが、無意識に、逆戻りのチカラがはたらきます。

「家族でハワイに行きたい」というゴール設定で、先ほどのようにストーリーで具体的に紙に書いて、毎日読んでいたとします。その、「ハワイに家族で旅行」をするためには、今の自分を変えないと叶いませんよね。例えば、国際線の飛行機を予約したり、米国滞在のビザを取得したり、パスポートも申請に行く必要があります。今まで普通に生活してきて、いきなりそんな面倒くさいことをやろうと思うと、時間を作るために生活リズムを変えたり、段取りをしたりしなくてはいけません。今に不満があったとしても、ハワイに行かなくても今の生命状態を維持できるから、「変わりたくない」のが本能です。

それでも！というところで、人生をより良くしたい気持ちをうまく使うには、臨場感が上がるゴール設定をして、毎日読み上げるのを続けることです。そうすると、脳自体の設定が変わります。脳の設定を変えないことには、「変わりたくない」無意識がはたらくので、逆戻りしてしまいます。

ゴールというのは、ゴムに例えられます。左手でゴムの端を持って縦にして、右手でもう一方の端を持ってビューンと引っ張り上げてみて下さい。ものすごく抵抗を受けますよね。それで、左手を放してみて下さい。そうすると、左手に持っていた端がビュン！と右手に引っ張られます。これが、ゴールにたどり着くための手順です。抵抗を受けて右手で引っ張り上げ、左手を手放せば、ゴールに行けます。

左手に持っているゴムを放すのは、変わろうとしない自分を手放すことです。

さらに、左手を放してそのままにしていたら、ゴムはブランブランと下がってしまいますね。ゴムが垂れ下がっている時は、ゴールを更新するタイミングです。右手の近くにゴムがあるのは、ゴールに近づいているから。なので、右手の位置をさらに上に上げるがごとく、ゴールを更新する必要があります。


ビジネスで利益を今の3倍得るくらいのゴールでは、自分の枠内です。今の自分とは切り離して考え、自分でもビックリするような、とてつもなく大きなゴールを描くことが必要です。「起業には前々から興味があるし、成功すれば収入が5倍になることだってある。だけどそんなのは到底むりだから、ひとまず少しだけお給料の上がるB社に転職するというゴールを立てよう」そんな風に考えてしまうのが人間です。ですが、これだとあなたの思考も行動も、現在とほぼ変わりません。結果、受け取る情報も今までと同じなので、あなたの人生が変わることはありません。

今よりもステージを上げたいのならぜひ、今の段階では達成方法が全く分からない「ぶっ飛んだゴール」を設定してみて下さい。

Lesson

28

豊かさの潜在能力を引き出す ぶっ飛びゴールの設定方法

「ぶっ飛んだゴール」を設定しようとしても、「達成する方法が分からない、全く想像できないゴール」は、そもそも想像できないし自分の思考の枠外にあります。なので、設定できない人もたくさんいます。どのようにして、自分の思考の枠の外にゴールを設定すればいいのでしょうか？

私の受講生で専業主婦の方がおられました。その方の当初のゴールは「コーチングを学び、サッカー選手を夢見る息子の最大のサポーターになる」でした。でもセミナーを受けて2ヶ月後、彼女のゴールは全く違うものになりました。なんと、「プロの水彩画家になって個展を開き、自分の作品を販売する」です。

彼女はそれまで、絵を描く仕事をしたこともなければ、絵を描く趣味すらありませんでした。でもセミナーでワークをした時に「小さい頃、絵を描くのが好きだった」ことを不意に思い出しました。軽い気持ちで絵を描いてみたら、想像以上にワクワクする自分にビックリ！すぐに先述のゴールを設定。するとそこから次々とシンクロが起こり始めます。例えば、師事するなら絶対にこの先生！と決めていた先生の絵画教室にたまたま1席だけ空きが出たり、個展にぴったりの理想のギャラリーを紹介してくれる人が現れたり。そして1年後。彼女は個展でたくさんのファンが自分の作品を購入してくれるという夢を現実にしました。

もし今、あなたの頭に通り一辺倒のゴールしか思い浮かばなくても大丈夫です。ここからは「ぶっ飛んだゴール」を設定する方法をお伝えしていきますね。

分かりやすくするために、私の宮崎移住の話を例に挙げますね。私は宮崎を初めて訪れた日から、たった3ヶ月で希望の住まいに引っ越してきました。但しゴールとは違っている点が何箇所かあります。住まいは戸建てではなくて高層マンション、海辺ではなく川辺になりました。海辺はどこを探しても見当たりませんでした。そのうちに物件が出てくるかなと思っています。そして、今の住まいからは朝日だけでなく、朝日と夕日の両方が見えます。これは私にとって嬉しい誤算です。

若干違いはありますが、たった3ヶ月でほぼ理想の場所を見つけることができたのはなぜか？　それは私がぶっ飛んだゴールを描いていたからに他なりません。私は宮崎移住のゴール以外に、もう1つ上のステージのゴールを設定していたのです。

「宮崎に移住すること」は私にとってそれほど難しいゴールではありません。私はオンラインで仕事をしているので収入はどこにいても得ることができますし、夫と2人暮らしなので子供の学校を考える必要もないからです。移住する方法は頭で考えたら分かってしまう。したがって私は「宮崎の理想の住まいに移住後、5年経った自分」をイメージし、その自分ならどんな世界にいるだろう？と考えました。それがこちらです。

「マウイ島にリトリート施設を作った私は今、ピカケの花が咲きたくさんの鳥が木々を飛び回る庭で、海から昇る朝日を眺めながら夫と共にフレッシュな果物いっぱいの朝食をとっている。今、私が一番関心を持っているテーマは美と健康。自分自身を実験材料とし、瞑想やエクササイズを通して年齢と共に進化、成長する高齢者の能力の研究を行っている」。

いかがですか？ ぶっ飛んだゴールを作る時は、ぜひこのように自分が思いつく中で一番大きなゴールを作り、「設定したゴールを既に達成したという視点」から、更に次のゴールを4つの法則に従ってストーリーにして書いてみて下さい。

Lesson

29

ゴール達成を阻む ドリームキラーへの対処方法

ぶっ飛んだゴールを設定してみましたか？　どんな気持ちですか？　ワクワクして楽しみになってきた方は、夢を叶えるための具体的な行動計画を立てましょう。想像もつかないような大きすぎるゴールを設定することで、何となく気分が落ち込む方もいらっしゃることでしょう。その理由の1つに「ドリームキラー」の存在が挙げられます。ドリームキラーとは、「夢を阻む人」のことです。

例えば、あなたが「起業しよう」と思った時に、「君なんかにできるわけない」と親しい人に言われたことはありませんか？　家族や昔からの親しい友人など、身近な人ほどドリームキラーになりやすい傾向があります。ドリームキラーはあなたが嫌いだからという理由で反対していることは稀です。むしろ、あなたのことを心から心配しているからこそ、夢を阻もうとするのです。私の経験でいうと数年前の夫がそうでした。新しいことをしようとすると必ず、私の行動とは逆の案を提示してきました。その度に私の気分は落ち込み、エネルギーはそがれ、仕事のパフォーマンスが落ちました。夫にしてみれば、私が以前のように仕事をしすぎて鬱になってはいけないと心配してのことでした。ですが、その頃の私には「もうそれは過去のこと！ 今はその時のことを学びとして前に進んでいる！」という気持ちが強く、夫にイライラと悲しみを募らせていました。

今、振り返ると、なぜ夫がそんなに心配していたのか？ なぜ私がそこまで彼の言葉に反応していたのか？ が分かります。それは、私自身の中にドリームキラーが存在し、私自身もどこかで自分を否定していたからです。他人もさることながら、自分が自分のドリームキラーになった時が、最もダメージを受けます。なぜなら24時間365日、ずっとネガティブな言葉を自分で自分に投げつけるからです。

では、ここで自分も含めたドリームキラーへの対処方法をお伝えします。

1．自分で決めたゴールに対し、叶わないと思う理由や否定されるかもしれない理由を5つ書き出します。つまり「予想される反論」を想定しておきます。

2．「予想される反論」1つ1つに対して「予想される反論への反論」を書き出します。「予想される反論への反論」は全部で25個です。

「起業して月収20万円を手にする」ゴールへの予想される反論は何ですか？「経験がないからうまくいくわけがない」、「方法が分からないからムリ」など5つ書き出します。次に「経験がないからうまくいくわけがない」に対して「月収100万円の人に教えを乞う」、「結果が出ている起業スクールに入り、仲間と共に努力する」など5つ書き出します。トータル25個の「予想される反論への反論」を書き出すことで、あなたのゴールへの決意は固くなります。

私は当時、夫と言い争いをして落ち込んだり悲しい気持ちになったりした時、度々このワークをやりました。「予想される反論への反論」を考えて書き出すことで、人よりも得意な「先を見通し、時代の流れを読む目を持っている」という点に気付くことができ、そのことが困難を乗り越える原動力にもなりました。「予想される反論への反論」が明確になることで、前に進むパワーが加速しました。

ドリームキラーは自分自身の中に知らず知らずのうちに潜んでいるので、たとえ周りに反対する人がいなくても、必ずこのワークをしておくことをオススメします。

Lesson

30

成功する人は「時間の魔法」を使って豊かになる

先ほど成功している人の「時間の捉え方」について少しお伝えしましたが、ここでは更に詳しく説明していきます。成功している人の時間の捉え方と、成功していない人の時間の捉え方は、驚くことに「真逆」です！ 一般的には時間は過去から未来に流れていると捉えますよね。でも、成功している人は、未来から今現在へ、そして過去へと時間が流れていると捉えています。

え!? どういうこと？ と思われた方も大丈夫です。ここから詳しく説明します。

一般的には「過去から積み上げてきたものが今、ここに結果として現れている」と捉えます。例えば「この両親に育てられたから、私は消極的な性格なんだ」というふうに過去から未来に時間が流れているという捉え方です。

ですが、このように「過去から積み上げてきた結果が今現在である」という時間の捉え方をしてしまうと、例えば何か大きな失敗をしてしまった時、私たちはどうしていいか分からず、頭が真っ白になり、思考停止状態に陥ります。なぜなら原因は過去にあるのに「過去にさかのぼって過去を変えることはできない」からです。

本当に私たちは「過去を変えることができない」のでしょうか？ いえ、そんなことはありません。実は「過去は変えることができます」。大切なことなのでもう一度言いますね。「私たちは過去を変えることができるのです」。

驚きますよね！　それは一体どういうことなのでしょうか？

実は、時間の魔法を使って豊かになるヒントが、この「時間の捉え方」にあります。私たちは「過去にさかのぼること」はできませんが、「時間の捉え方を変えること」はできます。時間の捉え方を変えると何が起こるのでしょうか？

例えばあなたが誰かにだまされ、3千万円の借金を背負ったとします。過去～未来の時間軸で捉えると、お先真っ暗になり、身動きが取れなくなるでしょう。だまされた過去の場面に戻ることはできないので、打つ手が無く、お手上げ状態です。

ここで時間の捉え方を変えてみます！　そうです。「時間は未来から過去に流れている」と捉えるのです。

時間軸を未来から過去に流すために、まず「だまされて3千万円の借金がある」事実をありのまま受け入れます。大きな出来事ですから、すぐにはありのまま受け入れることはできないかもしれません。そんな時は自慈心のワークを何度も実践しながら、できる限り今この瞬間に意識を向けるトレーニングをし、認知の歪みをなくします。歪みがなくなり、事実をありのまま受け入れられたら、そこから「5年後どうなっていたいのか？」を考えてみて下さい。これこそが、まさに時間の流れを未来から過去へと捉える思考です。

例えば「5年後には借金を全て返済し、年商10億の会社の社長になる！」というゴールが出てきたら、まずはゴールのストーリーを臨場感たっぷりに描きます。そしてぶっ飛んだゴールを少しずつ今現在へと降ろしながらステップゴールを設定します。あとはぶっ飛んだゴールやステップゴールを達成するために脳がキャッチしてくる情報を受け取り、できることから行動するのみです！

成功している人はこのようにして時間軸を上手に使い「だまされて借金を背負った暗い過去」を「10億の会社を作るきっかけとなったありがたい過去」へと変化させます。このように、時間の魔法を使えば、より豊かに、より幸せな人生を送ることができます。

Lesson

31

本能を味方に付ける「幸せなお金持ち」の生き方

ある人が「私はこう思う。こういう考えだ」と発信すると、「私も同じ考えです」といったふうに、共感する人が現れます。ゴールを掲げると、それに共鳴する人が現れます。ゴールを掲げた人のことをもっと知りたい、その人とつながりたいという欲求を止めることはできません。それは、脳が「生きたい」、「知りたい」、そして「仲間になりたい」本能を持っているからです。この脳の神経細胞の3つの本能により、人と人はつながりを持ちコミュニティが形成されます。

私が「こんなビジネスをして、こんなふうに社会や人の役に立ちたい！」と発信すると、必ず私と同じ想いの人が現れます。結果、コミュニティが繁栄し、そこから様々なビジネスが生まれます。

この現象はシンクロニシティそのものです。あなたが心から望む真のゴールを掲げれば、脳は「今、何が一番重要なのか？」を察知し、あなたが夢を叶えるために必要な情報を次々と引き寄せます。真のゴールを掲げるために最も大切なのが高い「自慈心」です。自慈心を育めば、生きたい、知りたい、仲間になりたいという本能を使って、必要な情報やご縁を、必要なタイミングで引き寄せることができます。

本能により引き寄せられて集まったコミュニティでは、本当の自分を取り戻す人が続出します。特に女性の場合、それまで「〇〇さんの奥さん」や「〇〇ちゃんのお母さん」だった方たちは、自分を表現する機会が少なく、夫や子供を優先して生きてきました。コミュニティでたくさんの仲間ができて、共感したり、違いを認めたりするうちに、自分の本当の望みを思い出します。自分が何が好きかも分からなかった人が好きなことで起業するケースもあれば、職場の人間関係がうまくいかなかった人が、自分の考えを伝えることで関係が良くなるケースもあります。

このように、同じゴールを持つ人が集まるコミュニティでは、シンクロニシティが更なるシンクロニシティを引き起こし、幸せの連鎖が広がっていきます。

私たちは「仲間」がいることで、進化や成長のスピードを速めることができます。自分1人で色々考えているだけでは、人は決して自分の思考の枠の外に出ることはできません。でも、何でも言える安心安全な場所で、ゴールを共にする仲間がいれば、驚くほど簡単に楽しく変化することができます。

マインドフルネス瞑想の中には自分への優しさを意識しつつ、他者も含めた生きとし生けるもの全ての幸せを願う「慈悲の瞑想」があります。最初は「私の命が幸せでありますように」と心の中で繰り返します。次に他者への声がけを行います。お世話になった人や親しい人、好きでも嫌いでもない人、そしてそこから自分の嫌いな人、自分を嫌っている人、さらに全ての生きとし生けるものの幸せを願います。この瞑想を繰り返していくと自他への思いやり、他者への共感性が高まり、人間関係が自然と改善していくという研究結果が発表されています。

心から望むゴールを共に生きる仲間がいれば、人生はより豊かになります。大切な情報も幸せなお金も全ては「人」が運んできてくれる…。ご縁あって出逢った人たちと、互いの違いを認め合いながら進化することこそが、本能にも応援される幸せなお金持ちの生き方なのです。

Lesson

32

幸せのシンクロが連鎖する「感情の魔法使い」になる方法

「生きたい、知りたい、仲間になりたい」脳の神経細胞の本能はシンクロニシティを起こします。ここでは更に、もう1つの観点「感情」からシンクロニシティを起こす方法をお伝えします。

ハーバード医科大学のNicholas Christakis氏とカリフォルニア州立大学James Fowler氏の共同研究によって「感情は伝染する」という結果が発表されています。例えば、見知らぬ赤ちゃんの笑顔を見ていて思わず自分も笑顔になったことは、誰しも経験があると思います。また感情ではないですが、誰かがあくびをするのを見て自分もあくびをしたくなることもありますよね。これらは脳のミラーニューロンという機能が作動して起こる現象です。

他にも、もらい泣きでも、他人の感情が自分へと移ってくる体験を、誰もが一度はしていると思います。とある大規模な社会的実験では、人の幸福度は自分から数えて3人目まで影響することが分かりました。あなたにAさんという友達がいるとします。AさんにはBさんという友達がいます。あなたはBさんのことを知りません。でもBさんが幸せを感じていると、Bさんの幸せがAさんに伝染し、Aさんの友達であるあなたの幸福度も高まるのです。また幸せの伝染は「幸せでない人」にも影響を及ぼし、幸せな人に囲まれている人は、将来自分も幸せになる傾向が高くなることも判明したそうです。

もちろん、幸せだけではなく、不安や怒りといったネガティブな感情も伝染します。例えばイライラする人を見て自分もイライラしたり、不安でいっぱいの人がそばにいると、自分もなんだか不安になったりします。別の研究ではストレスを抱えている人を目にしただけで、目にした人のコルチゾール（ストレスホルモン）のレベルが高まるという結果も出ています。

ネガティブな感情の感染は影響力が強いですよね。学校や職場で1人の人が放ったネガティブな一言に、たちまち多くの人が影響され、その場全体が気まずい空気になることがあります。私たちの言葉や振る舞いは想像以上に、周りに大きな影響を与えています。そう考えると周りのためにも自分自身のためにも、私たち1人1人がどんな時も幸せな気持ちでいることはとても大切なこと。そのためにも、ぜひ瞑想を続けることをオススメします。

瞑想で脳や心を一旦休ませ、今ここに意識を向けます。腹の立つことや悲しいことがあっても、瞑想すると感情は感情として別物として捉えられるようになります。

スージングタッチのところでお伝えしたように、感情を一旦取り出し、名前を付けて語りかけることにより、自分を俯瞰して観察できます。怒りを取り出して「イカリン」と名付けてみることは、自分の感情のコントロールにとても有効です。感情的になる時間が短くなり、且つその回数が減るということは、別の角度から見ると幸せな気持ちでいる時間が人生において増えるということ。

あなたがいつも幸せな気持ちでいるとその幸せは伝染し、周りにたくさんの幸せな人が集まってきます。すると自然に物事がうまくいき、幸せなお金が引き寄せられてくるのです。

幸せなお金を引き寄せるために、感情のコントロールを可能にする瞑想や自慈心ワークを毎日続けましょう。感情を上手に使うことができるようになれば、あなたやあなたの周りにたくさんの豊かなシンクロニシティが起きるようになります。

Column
コラム

幸せの体験談①

手放せなかった頭痛薬が不要に！

瞑想を始めてからは、それまで手放せなかった頭痛薬がいらなくなりました！学んでいくうちに気付きがあり、憎しみや辛さが手放せました！「自慈心を育む」を続けて、自分に変化を感じるようになりました。この変化、すごいです！私だけ不幸だ！そんなことばかり思っていた私が、今は「私は幸せだ」と思えます。

枡山なおみさん

いつの間にか許せていました

瞑想をするようになって、相手に対する捉え方が自然と変わり、相手の意見を受け入れることができるようになりました。また、自慈心のワークをするようになってからは、他人も自分も責めることが減りました。どうしても許せなくてふとした瞬間に思い出してはイライラしていたことを、いつの間にか許せたりしました。

内山いづみさん

第4章 ━ お金の心理学レッスン「豊かな人間関係を築く」

Lesson

33

あなたの心が
あなたの世界をつくる

人の悩みは人間関係が9割と言われているとおり、人間関係を豊かにすることは、家族、パートナーシップ、仕事、お金など人生の全てを豊かにすることに必ずつながります。ここでは人間関係を豊かにするための7つのプロセスをご紹介します。一段一段ステップを上がるごとに生き辛さから解放され、自由に豊かになっていくのを実感されることと思います。

1. 物事の見方・捉え方　～人生を変える！最初のステップ～

正しい物事の見方・捉え方ができるようになれば、あなたの人生はこれからどんな困難なことが起ころうとも、必ず豊かで幸せになっていきます。人生で最もパワフルで最も重要な能力の1つです。今、目の前で起きている現実をどのように見るのか、どのように捉えるかで「あなたが人生で体験することが決定」されます。

もし、今の人生が望んでいたものとは違い、何とかしてその状態から抜け出したいと感じているなら、今あなたの目の前で起きている出来事の捉え方を変えてみて下さい。物事の見方や捉え方を変えると、まずはあなたの感情が変わり、言葉が変わります。そして感情や言葉が変われば、行動が変わり、自ずと人生も変わります。

では、どのような物事の見方・捉え方をすれば、豊かで幸せな人生を送ることができるのでしょうか？　実は正しい物事の見方や捉え方をするためには、ある能力が必要です。その能力とは「状況を肯定的に捉え直す力」です。予想外のネガティブな出来事が起きた時でも「状況を肯定的に捉え直す力」さえ持っていれば、感情を揺さぶられることなく、ピンチをチャンスに変えることができます。

「私たちは心で私たち自身の世界を作り出す」。

これは仏陀が法句経（ほっくぎょう＝真理の法の言葉）で説いていた言葉です。

私はセミナーでよく次の2つの質問をします。

「どんなことが、問題だと考えていますか？」

「その問題は他にどんな捉え方ができますか？」

安心安全なコミュニティの中で仲間と共に感じたままを話し合うと、1つの出来事にも様々な捉え方があることが分かります。自分では欠点だと思っていたことを人から褒められたり、悩みだと思っていたことが他の人から見るとうらやましい出来事だったり。これまでの思い込みがどれだけ自分を不自由にしていたかに気付き、問題だと思っていたことが問題ではなくなることがよくあります。

これは心理学でいうところの「リフレーミング」で、見方・捉え方を変えることによって、出来事に違う意味を持たせることを言います。例えば自分のことを「短気だ」と思っていても、他人から見れば「勇敢で何事にも積極的に向かっていく人」に見えたりします。子供のことを「落ち着きがない」と思っていても、他の人には「好奇心旺盛」、「何事にもチャレンジしている」と映ることもありますね。物事の捉え方は、1つだけではありません。第三者に言われることで、色々な捉え方を知ることができ、それにより視野が広がります。人間関係を豊かにするために一番にすることは、物事の捉え方をフラットにすることです。

自分が見ている世界は、自分自身が作り出している世界です。捉え方が変われば、あなたは違う世界を生きることができるのです。

Lesson

34

全てを受け入れる

2．謙虚さ　～私たちは皆が不完全である～

物事の捉え方がニュートラルになってきたら、次に知るのは「謙虚さ」です。ここで確認しておきたいのは、謙虚とは、自分が一歩下がるとか、誰かを立てるとか、そういう意味ではありません。自分を卑下したり、一段下がりガマンしたりすることでもありません。謙虚の本当の意味は、「人間はみんな不完全で欠点があることを知る」ということです。

他人が失敗すると「そういうこともあるよね」と思う人は多いでしょう。ですが、自分が失敗すると「私って、ダメだ」と自分を責めることはありませんか？　自分が失敗しても「そういうこともあるよね」と自分に優しい声をかけてあげましょう。完璧な人間なんていないのですから。そのことを知らなければ、自分にだけではなく他人にも厳しくなり、腹立たしくなったりイライラしたりします。

謙虚であれば、自分にも他人にも批判的な気持ちがなくなり、結果、人間関係が良くなります。ネガティブな脳内おしゃべりが減るとストレスは低減され、行動的になります。「謙虚」の本当の意味を知ると、自分にも他人にも優しくなることができ、結果、心身のバランスが整い人間関係が豊かになります。

3．ユーモア　～失敗を笑いに変える～

3つ目は、ユーモア。面白いことを言って人を笑わせることだけがユーモアではありません。実はユーモアは謙虚さと関係があり、自分の失敗や深刻な問題を、深刻にならないで笑い飛ばしてしまうことです。「人間はみんな不完全で欠点がある」ことを知っていて、謙虚だから、笑い飛ばせるんですよね。自分や他人の不完全さを受け入れられなければ、自分に対しても他人に対しても腹立たしく思い、問題を笑い飛ばすことなんてできません。

自分も他人も責めることなく、失敗や問題を笑い飛ばすことができるのは、自他への優しさと、どんな状況も受け入れる心の広さを持っているからです。そういったユーモアを身につけることは、あなたに豊かさを引き寄せます。

4．受容　～不完全も失敗も受け入れる～

物事の捉え方を自由自在に変えることができ、謙虚さを持てると、失敗や問題を笑い飛ばすことができるようになります。そうすると「受容」にたどり着きます。

受容は敗北やあきらめではありません。受容とは、人間の不完全さ、人生の痛み、それに美しさなども全てを受け入れることです。キャパシティが広く器が大きい人は、いつも人に優しく温和で、どんな時も平常心を持ち、何が起きても感情的になったり、ましてや怒鳴ったりしません。

平常心とは、ポジティブな面だけを見ているのとは違い、ちゃんとネガティブな面も認識していてフラットに捉えることができる心のことです。自分に欠点があっても自分を責めることなく、「こういう欠点がある」と客観的に自分を見ることができるのです。

また、誰かの期待に応えたり、誰かの望みを担うゴールを設定したりしません。本当の意味で自分がやりたいことをできています。

人に優しく温和でどんな時も平常心でいられる。こんなふうに書くと、完璧な人間のように思われますが、そうではなく、自分の不完全さを受容しているからこそ、行きつく高い精神性です。自分が完璧であろうとする人は、人にも完璧さを求め、人の失敗を批判し、感情をあらわにします。その真逆が受容です。受容とは「自分の身に何が起こっても全てを受け入れることができる能力」のことを指します。

Lesson

35

「許し」は自分を守り、
豊かになるための幸せメソッド

5. 許し　～許せない人を許す～

許しとは、誰かにされた仕打ちを忘れることではありません。相手にされるがままでいることでもなく、自分が再び傷つけられるのを黙って見ていることでもありません。あなたが誰かにひどい目に遭わされたとします。そしてその出来事がきっかけであなたは長年、相手に怒りを持っているとします。ここでぜひ考えて欲しいことがあります。この怒りで一番ダメージを受けるのは一体誰でしょう？　そうです。それは紛れもなくあなた自身です。悲しいことに、あなたがどれだけ怒ろうとも相手には何の影響もありません。

私は10歳の時に変質者に性的暴行を受けた過去があることは既にお伝えしました。そのために長年、犯人に対して憎悪と怒りを持ち続けていました。犯人は見つかっていないので、私はどこの誰とも分からない人物を相手に30年以上ずっと怒りの炎を燃やし続けました。そして、この30年もの間、私は原因不明の体調不良を抱えて苦しみました。掌蹠膿疱症《しょうせきのうほうしょう》といって、膿《うみ》が手のひらと足の裏に広がって物を持つことさえできない強い痛みにおそわれたこともあります。原因不明の肝炎になったかと思えば、突然、顔の下半分にぎっしりと膿疱ができて、厚化粧しないと人前に顔を出せないことが2年間続いたこともあります。

若い頃は身体と心がつながっているという概念が全くなかったのですが、脳と心のことを勉強するにつれ、自分が持つ感情や思考がどれほど身体に大きな影響を与えているのかに気付きました。それと同時に本当の意味での「許し」の大切さを知りました。許しとは、「とっさに湧いてくる怒りや悲しみに反応し、自分や他人を傷つけるのをやめること」を意味します。私たちは正しい脳と心の使い方を学ぶことで、不正な行為に毅然とした態度を取りつつも、怒りや悲しみが助長されることを抑え、平常心を保つことができるようになります。

15年くらい前まで、私は「過去にさかのぼって出来事を清算しないことには自分は癒されない、幸せになれない」と思い込んでいました。なので、幼少期にさかのぼるインナーチャイルドセラピーを何度も受けました。ですがその度に私の心と身体は大きなダメージを受け、疲弊しました。顔の下半分がただれたのもちょうどこの時期です。「私に必要だったのは、思い出したくない過去にさかのぼり、その場面を癒すことではなかった」ということが今なら分かります。私に必要だったのは「真の許しの定義」と、ただただ「自分の感情をありのままに受け止めるマインドフルな心」だったのです。

「真の許しの定義」を知った私は、怒りの呪縛から完全に解放されました。解放を決定づけたのは、犯罪心理を学んだ時に先生から聞いた「性犯罪者には、幼少期にいじめを受けている例が多くみられる」という言葉でした。「私にひどいことをした犯人も、そうだったのかもしれない」という考えに至った時、私の中でこれまで悪魔のような存在だった犯人が、同じ1人の人間として感じられるようになりました。そして「誰も加害者、被害者になることなく、生まれきて良かったと思う社会を作りたい！」と強く思いました。

私が今、心から情熱を持ち、仕事にまい進する原動力はここにあります。過去は関係ありません。全ての豊かさは正しい認知と心から望むゴールで創られていきます。

Lesson

36

「許し」のワーク

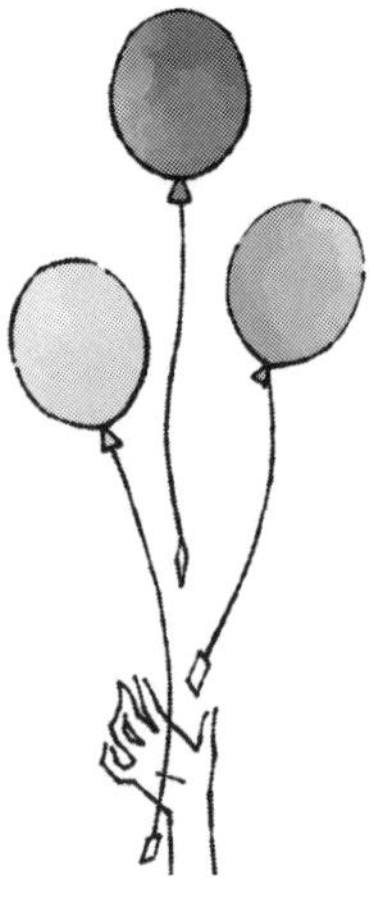

あなたに、もしも許せない人がいるならば、この許しのワークをやってみて下さい。人を許せなくて一番苦しんでいるあなたの心が、少しでも楽になれることを願っています。

ペンとメモを目の前に用意して行って下さい。

1. 気持ちが落ち着く所に座り、目を閉じて呼吸に意識を向けます（2〜3分）。
2. どうしても手放すことのできない想いや、許せない記憶があるか？を考えてみます。
3. もしあれば、その過去を握りしめているメリットは何か？を考えてみます。
4. 思いついたことがあれば目を開けて、ジャッジ無しにそのままどんどん書きます。
5. 書ききったら、書いた文章を見返して「これは本当にメリットだろうか？」と考えてみます。
6. 再び目をつむり、たくさんの風船をしっかり握りしめている自分をイメージします。

7. 過去の嫌な思い出や記憶、その時の感情や思考が風船にどんどん吸い込まれていくのをイメージします。
8. イメージの中で風船を握っている手を離すことができますか？　試してみて、離せそうなら手放します。
9. もし手放せたら、手から離れて空高く舞い上がり、どんどん見えなくなっていく風船を眺めます（手放せない場合は、そのまま手に持っていて下さい）。
10. 風船が見えなくなるまで見送り（または手に持っている風船を眺めながら）、呼吸を繰り返します。
11. ワークを終え、湧いてきた感情や思考をノートに書き出します。

〈許しのワークをする時のポイント〉
・風船を手放せる・手放せないに固執しない
・風船を手放せなくても、その状況をありのまま受け止める
・手放せずモヤモヤが残る時は自慈心のワークをする

「許し（手放し）」のワークを試みた後、またはワークで手放しが起きた後、自分の脳内の独り言や思考に何か変化があるかを、1週間ほど観察します。

メモ欄

Lesson

37

感謝と利他の心

6．感謝　～心も身体も元気になる感謝の想い～

脳科学の研究により、人はある一言を口にするだけで、脳内が活性化することが分かっています。その一言とは…はい！　そうです。「ありがとう」です。感謝の気持ちを伝える「ありがとう」のたった一言が脳に良い影響をもたらします。「ありがとう」の想いがセロトニン、ドーパミン、オキシトシンなど、幸せホルモンと言われる脳内物質を増加させることはよく知られています。

「感謝を頻繁にしている人はそうでない人に比べて、長生きする」という研究結果も出ています。感謝が習慣になっている人はそうでない人に比べて、幸福度が高いと言われています。また、常に感謝の態度を持つ人は、トラウマや逆境の苦しみからの回復が、そうでない人に比べて早いことも明らかになっています。感謝の瞑想で私が特にオススメしているのが自分の身体に感謝を伝えることです。

ここで、心も身体も元気になる「感謝ワーク」をご紹介します。

気持ちの落ち着く所で座り、身体をリラックスさせます。目元に意識を向け、これまでの人生で見てきた美しいもの（朝日、雄大な景色、愛する人の顔など）を思い出し、目に何度もありがとうを伝えます。これを耳、鼻、手、足、心臓、そして身体全体の細胞に行うと、ありがとうの想いが身体から溢れ出します。その想いを、自分の住まいや日本全国、地球、そして宇宙にまで広げます。

7．利他の心　～誰かを思いやる心～

人間関係を豊かにするための7つ目のプロセスは、「利他の心」です。多くの人は「利他」つまり他者のために何かをすることはいいと分かっていても、実際はできません。自分自身が多くのすべきことに追われているからです。「子供にご飯を食べさせなくてはいけない」、「人にしてあげられるほどの十分なお金を持っていない」と考えます。でも、他者にしてあげられることは、物を与えるだけではありません。道を歩いている時、すれ違う人に「おはよう」と挨拶をしたり微笑んで会釈したりすることも、誰かにしてあげられることです。それだけで清々しい気持ちになれますよね。脳は、他人を気遣うようにプログラミングされているので、誰かに気を向けるだけで、脳に良い効果があります。利他の精神が高い人は、他者と何かを分かち合うことで、自己肯定感も幸福度も高くなります。

利他の心は、感謝の気持ちともつながっていることが、近年分かってきました。

・感謝…自分が何かを体験して湧き出る感情や想い＝受け取る対内的な体験
・利他の心…自分より他者の利益を優先して行動すること＝与える対外的な体験

ここで重要なのは「受け取ることで喜びを感じる脳」から「与えることに喜びを感じる脳（高い利他の精神）」へとシフトすれば、どんどん豊かに幸せになるという点です。感謝は受け身的な要素が強いですが、利他はこちらから幾らでも働きかけることができるので、自分次第で幸せに豊かに生きることができます。

ただし、7ステップをご覧いただくと分かるように「許し」や「感謝」という土台があって利他の心へとたどり着きます。感謝の気持ちを持つことで、人は他者に協力的になり、人間関係を良好にするという研究結果も出ています。

そういったことからも、まずは自分の心と身体を元気にする瞑想を毎日行って、利他の心を育て、ますます豊かに幸せになっていきましょう。

Lesson

38

親切の伝染が引き寄せた「最高の豊かさ」

利他の1つである「親切心」。1人の人に親切にすると、その親切は64人の人に影響を与えるという研究結果があります。電車で席を譲っている人を見た後、自分も同じ状況になった時、席を譲ったという経験はありませんか？ 自分が親切にされると、人に親切にしてあげたくなります。このように、親切というのは伝染するものなのです。自分が人に親切にすると気分が晴れますし、誰かに親切にされても気持ちが温かくなります。親切はしてもされても自己肯定感や幸福感が上がります。

私はセミナーで、親切について2つの宿題を出しています。

・「1日1つ、ちょっとしたことでもいいので、親切をやってみましょう」
・「日常を超えた親切を1か月に1つ、何か考えついたものをやってみましょう」

〈親切チャレンジの例〉

店員さんに「ありがとう」とお礼を言う／ゴミを拾う／バスや電車で席を譲る／運転中、横から出てきた車に道を譲る／お祝いごとに贈り物をする／人にポジティブな言葉をかける／友人や家族、親戚の子を預かるいかがですか？　とても簡単なことですが、私たちは意外とおろそかにしているのかもしれません。自分がやらなければいけないことで、精一杯だからです。ほんの少し、意識するだけで親切はできますので、チャレンジしてみて下さいね。

2つ目の「日常を超えた親切」で不思議な体験をした生徒さんがいらっしゃいますので、エピソードをご紹介します。

朝の散歩に行く公園で、毎日のように会うおじいさんと老犬が、とてもいい雰囲気だったので、「写真を撮りましょうか？」と声をかけました。差し出がましいかなと思ったのですが、セミナーの宿題である日常を超えた親切が思いつかず、「自分がやったこともないことをやろう！」と勇気を出して声をかけたそうです。おじいさんはスマホを持っていなかったので、生徒さんのスマホで撮影してあげました。翌日プリントアウトして公園に持って行ったところ、とても喜んでくれたそうです。でも、生徒さんは仕事が忙しくなり、その日から公園に行けなくなりました。そんなある日、生徒さんの職場である郵便局に「この写真を撮ってくれた人を探しています。誰か知りませんか？」と女性が入ってきました。その手には、先日スマホで撮影したおじいさんと老犬の写真が！　その女性によると、しばらくして老犬は亡くなり、「優しい人が撮ってくれた写真が、わしの心の支えになっている。何とかしてこの人に会って一言お礼を言いたい！」と、おじいさんは公園で出逢ったその女性にいつも話していたそうです。それを聞いた女性が、辺りの郵便局を巡って聞いていたところ、たまたま生徒さんの郵便局の受付カウンターに来られたのです！

この話には他にも不思議な偶然がありました。亡くなった老犬と、彼女のかつての愛猫の名前は、同じ「ウリちゃん」だったそうです！　茶色に白斑点のウリ坊（猪の子供）模様だったことから、この名前が付けられました。

様々なシンクロがあった今回のお話は、お金の引き寄せこそありませんが、私はお金を超えた最高のシンクロニシティだと思いました。おじいさんと老犬、生徒さんと愛猫、そしてたくさんの郵便局を巡って探してくれた女性…。誰1人欠けても紡がれることのなかった、現実に起きたストーリーです。

「何気ない日常が利他の心（親切）で豊かな人生へと変わる」そのことを教えてくれた素敵な出来事でした。

Lesson

39

「自分を慈しめば人生の全てが豊かになる」7ステップのまとめ

人間関係を豊かにする7つのステップをお伝えしてきました。

1. 物事の見方・捉え方：事実をありのまま受け止め、そこから状況を肯定的に受け取る力を育てます。
2. 謙虚さ：他者も自分も不完全であることを知ります。
3. ユーモア：失敗や予想外のことが起きた時、出来事を笑い飛ばします。
4. 受容：人生をあるがまま受け入れる寛大さ、人を許す潔さを持ちます。
5. 許し：怒りや悲しみが小さくなり、ネガティブ思考から抜け出せます。怒りや悲しみなどの余計なことにエネルギーを使わなくなり、疲れにくくなり、行動的になり、チャレンジできます。自分の能力を100％発揮できます。
6. 感謝：感謝は幸せの根源。自分にも他人にもポジティブな影響をもたらし、不安や鬱を軽減し、より大きな目標を達成する原動力にもなります。
7. 利他の心：幸せになる秘密は「受け取る」ことより「与える」ことに喜びを感じる脳になること。感謝が高まると、自ずと利他の精神も高まります。

7ステップは全てつながっています。豊かな人生を手に入れるためには、全てをありのまま受け入れること。自分のことが嫌いであっても、別の何者かになる「変わる」ことが近道ではありません。また、受け入れることは何かをあきらめることでも、誰かに負けることでもありません。自分の行動力のなさを受け入れれば、更に動けなくなってしまうのではないかと不安に感じるかもしれません。でも、これまでに行動力のない自分と闘い、違う自分になろうとして、なれたでしょうか？

もしも、これまでたくさんの努力をしたのに、違う自分になれなかったのだとしたら、別のやり方にチャレンジする時です。まずは1ステップ目にある「物事の捉え方」を変えて、「違う自分になる」のをやめ、「不完全で欠点のある自分自身を受け入れること」から始めましょう。自分をありのまま受け入れることで人生が大きく変化した人たちを、私はたくさん見てきました。大丈夫です！　あなたが欠点だと思っている性格や資質は、実はとてつもない才能なのですから。

あなたはどんな豊かさを手に入れたいですか？　私は「結局は自分自身のことを深く知り、ありのまま受け入れることこそが、人生に大きな豊かさを引き寄せる」

という結論に至りました。なぜなら、私がビジネスでお金を引き寄せることができたのは、「私が私の欠点をそのまま受け入れた」からです。私が起業したのは、感覚が敏感過ぎて満員電車に乗ることができなかったから。誰もが当たり前にできることが、私にはできませんでした。私はその、一見ネガティブに見える自分の特性を変えずに生きてきました。もちろん、最初のうちは何とかして変えようとしました。でも、何をどうやっても変えることができなかったのです！

最終的に私は「ありのままの私を受け入れる覚悟」をし、そこから「起業」という道を選びました。23年前、女性の起業は時代に逆行していました。当然、誰からも応援されませんでした。でもただ1人、私を応援してくれる人がいたから、私は頑張れました。その人とは「私自身」です。当時の私は自慈心という言葉を知りませんでしたが、無意識で自分を慈しんでいたのです。おかげで私の欠点は才能へと変わり、そこから7ステップに出逢い、長年の苦しみからも解放されました。

私はこれからの残りの人生を「未来ある子供達が才能を思う存分活かせる世の中を作る」ことに尽力したいと思います。その第一歩が、まずは大人の皆さんに「自慈心を育めば人生の全てが豊かになる！」と知ってもらうことです。

Column
コラム

幸せの体験談②

まさかの「社長になってくれないか？」

上司とソリが合わず言い争そう日々。待遇も収入も不満だらけ。好きで始めた仕事なのに毎日疲れ果てていました。ところが、緑さんのメソッドを学び、「社長になってくれないか？」というオファーがきたんです！　突然です！　スタッフからの信頼度の高さと公平な接し方、人をまとめるリーダーシップを高く評価して下さったそうです。それだけではなく、「社長になってくれないか」というオファーに対して、「条件によります」なんて平然と返事ができた自分にただただビックリです！

緑さんの脳をインストールした結果、待遇も収入も格段に上がり、そこから社長へのオファーがくるまでになるんですね！　瞑想とコーチングのおかげで私の人生は大きく変化しています！　このメソッドすごいです！　それを創った緑さんもすごい！　本当にありがとうございます！

アウトドアインストラクター　池田京子さん

第5章 ━ 幸せなお金を引き寄せて豊かに生きる

Lesson

40

幸せなお金の稼ぎ方、幸せなお金の使い方

かつての私は、お金を手にすれば幸せになると思い込んでいました。ですが、お金はたくさん入ってきたけれど、別に幸せではなく、何なら不幸せなくらいでした。超多忙で体力的にしんどく、従業員のことで頭を悩ませ精神的にもきつかったです。「私って結局、何がしたいんだろう？」と自問自答しても答えは出ませんでした。

お金を稼ぐ前に、「お金が入ってきたら、それで何をしたいのか？」を明確にしておくことがとても大切です。お金のその先があると、どんどん行動できて、やりたいことに向かって進めます。私は、小さなアパレルショップから美容室で2億円を売り上げるまで階段を駆け上がりました。お客様が喜ぶ方向は間違っていなかったようですが、大きなお金だけを手にしたために、不幸せになったのだと今になれば分かります。何よりも「お金」を求めていました。それゆえに行き詰まり、心身ともにボロボロになってしまったのです。不幸なお金の稼ぎ方の典型です。

世の中には、「ものすごくお金が欲しい！」という人もいれば、「ちょっとは稼いでみたい」という人もいます。「100万円稼ぎたい」と言う人に、「100万円入ったらどうするの？」と聞くと、「分からない」と返す人はすごく多いです。もしも、あなたが漠然とした金額を設定しているのなら、そのお金を何に使いたいのかという「臨場感のあるゴール設定」をしてみて下さい。具体的な金額を出すことができますし、何よりもそのゴールのためにお金を引き寄せることができます。それこそが、幸せなお金の稼ぎ方なのです。金額の大小ではなく、お金の先の幸せな未来があることで、幸せなお金を引き寄せます。

そうして引き寄せた幸せなお金を、どう使うか。私は、お金は稼ぎ方も大事だけれど、使い方はもっと大事だと考えます。ビジネスができる人は、お金をどう使うかが上手です。例えば、フレンチレストランで5万円のフルコースがあるお店が繁盛しているとしたら、シェフやオーナーは、お客様からいただいた5万円の使い方がとても上手ですよね。お客様は5万円を出して、5万円以上の価値を感じて満足しているから、お店が繁盛しています。5万円の価値なんかないと思われたら、お店は衰退するでしょう。

「良いお店にご飯を食べに行き、良いサービスを受けましょう」とよく言われますよね。そこで観察すべきは、料理やサービスを提供する人のお金の「使い方」。1人5万円をもらい、どういう食事内容で、どんなサービスを提供しているか。この視点でお金の使い方を見ると、幸せなお金の使い方のヒントが見つかります。

私のセミナーでは生徒さんたちに色々なサポートを提供しています。生徒さんたちに価値があると満足していただけるものを作るために惜しみなく自己投資をし、日々瞑想と自慈心を育むことを怠りません。受講料をいただいて、その使い方がうまくいっているから、受講生さんたちに満足いただけて、継続できていると思っています。これは自慢でもなんでもなく、私もやっと幸せなお金の使い方ができるようになりました。

成功している人は、自己投資にも大きく使っています。高額なものを買ったり、上質のサービスを受けたり、自分のためにお金を使います。それはつまり、対価に見合う満足を受けられることを実感し、自分もお金を受け取った時に、それをどう使うかを学んでいるのです。お金は稼ぎ方も大事ですが、どう使うかはもっと大事で、様々なところで使い方を学ぶことができます。

Lesson

41

ビジネスでお金を引き寄せる方法

ビジネスでお金を稼ぐためには、有形無形にかかわらず、何か「売るモノ」が必要です。私のビジネスの例で言うと、洋服、ウィッグ、エクステンションなどは有形で、セミナーやセッションなどは無形です。ビジネスではこういった売るモノがなければお金は入ってきません。では、どのようにして売るモノを作り出せばいいのでしょうか？

ビジネスでは、「have to：しなければならない」により行動すると、最初は勢いがあっても、少しずつペースが落ち、やがて続かなくなり終わりを迎えてしまう。そんなことは少なくありません。脳科学的にも「have to」のことは、モチベーションが続かないと言われています。何事も「継続」しなければ、ビジネスは成り立ちません。

一方で、「want to：したい」ことは、行動し続けることができます。一番分かりやすいのが、子供のゲーム。「しなければならない」ではなくて「したい」ですよね。だから、やりなさいと言われなくても、むしろ自分からやりたくて、やっています。それも、お母さんに何も言われなければ、ずっとやり続けます。

お金を稼ぎたいと思えば、自分の気持ちが「want to」になれるものを探すのが一番です。そういう意味で、好奇心はとても大切。これをもっと知りたい！もっとやりたい！どうなるか楽しみ！と、追究したくなるほどの好奇心があれば、お金を稼ぐことができます。

問題があるとすれば、それは「want to が分からない」こと。起業したい想いはあるのに、自分には何ができるのか、何をしたいのかが分からないのは、なぜでしょうか？それは、自慈心が育っていないからです。自慈心と「want to」は、必ずつながっています。自慈心が育っていないと何かにつけて「やっぱりダメだ」「また、失敗してしまった」「なぜこんな結果なの?!」と事あるごとに強烈な自己批判を自分に浴びせるので、やる気が起こりません。24時間365日ずっと一緒にいる「自分」に応援されなければ、起業という大きなチャレンジへの一歩を踏み出すことは極めて困難です。

また、やる前から「失敗したらどうしよう」「失敗して、人から批判されるのが怖い」と考えていると、自分のやりたい思いよりも、他者の評価が気になる不安のほうが大きくなり、動けなくなってしまいます。「人からダメだと思われる」という思いが根深く意識づけされていると、仕事だけではなく、生活でのチャレンジや習い事でも同じことが起こります。最初はやりたいと思って始めても、すぐに辞めてしまうのは、人と比べてダメだと思い、少しできないだけで「やっぱりダメ」だと、自分で自分をそういう方向に持って行くからです。

誰かにダメだと言われなくても、自分で「私は失敗するからダメだ」と無意識に、そして根深く思い込んでいます。そんな状況だと、やりたいことは出てきません。やる前からダメの烙印を、自分で自分に押しているのですから。常に人と比べているのは、自慈心が育っていないためです。

でも、大丈夫です！　自慈心を育てれば、そんな自分を変えることができます。自慈心を育て、自信を持てるようになると、好奇心が湧き、新しいことを始めたくなり、自然と動きたくなります。色々なことにチャレンジしたり、チャンスをつかめたりする機会が増えて、やりたいことも、きっと見つかります。

Lesson

42

新しい価値を創造して豊かになる！
ゲシュタルト能力について

ビジネスでお金を引き寄せるために知っておいてほしい、もう1つのこと。それは「好き」の想いだけではお金は入ってこないということです。あなたがビジネスでお金を得たいと考えているなら、あなたの作った商品やサービスは「誰かが抱えている問題を解決する」内容であることが必要です。あなたの商品やサービスは「誰のどんな問題」を解決するのかが明確になっているでしょうか？「好きの想い」と「問題解決」のセットはお金を引き寄せるビジネスの基本です。

「好きの想い」と「お客様の問題解決」を結び付けるのって難しいなぁと感じる方も多いでしょう。脳内にある点と点の情報を結び付け、新しい形を作っていくための力を「ゲシュタルト能力」と言います。ゲシュタルト能力は、私たちに元々備わっている、生きていくうえでは必要な能力ですが、これからの時代はゲシュタルト能力がますます重要になると言われています。なぜなら、情報社会に生きるためには、膨大な情報をあちこちで融合させ、新たな価値を創り出すことが求められるからです。

「もっとやりがいのある仕事がしたい」「もっとクリエイティブな人生を歩みた

い」「もっと自由に幸せになりたい」「もっと豊かになりたい」「もっと人のためになる生き方がしたい」そのような夢やゴールを持っている人はぜひ、これを機にゲッシュタルト能力を高めて下さい。

ゲシュタルト能力の高め方

・学問を深める：何らかの学問を深く研究し、バラバラに散らばっている知識を整理し、統合し、体系づけていくことは新たな価値を創造します。大人になっても常に何かを研究、探究し、知識を深めることをオススメします。

・読書をする：年収と読書量が比例するというのはよく聞く話です。本を読む人はゲシュタルト能力が高く、新しい価値創造ができるので仕事で成功する率は高いでしょう。また、本を読むと知識が増えるので学問を深めることにもなり、読書は一石二鳥どころか、何鳥にもなります。

・五感情報を置き換えるトレーニング：食べ物や飲み物の五感情報を置き換えます。例えば、お味噌汁の「香り」を「音」に、飲んだ時の「音」を「色」に置き換えます。五感を置き換えることにより、物事を一方向から見るのではなく、多方面から見る視点を養います。

・俯瞰して物事を観察するトレーニング：目の前の物や事象を見る視点を高くしていきます。例えば、マリアージュフレールのセイロン紅茶→セイロン紅茶→紅茶→ホットドリンク→飲み物→液体というふうに、視座を上げます。物事を抽象的にも具体的にも捉えて、抽象度の上げ下げをするトレーニングをします。

自分の役割に気付く

ゲシュタルト能力が高まると物事を抽象的な視点からも、具体的な視点からも見られるようになり、新しい発想で、新しい価値を創り出す人になれます。今はまだ「絶対にこれでビジネスをする！」と決まっていなくても大丈夫です。このページだけではなく、この本で紹介したその他のワークも全てゲシュタルト能力を上げるために役立ちます。実践すればするほど、どんどん俯瞰して物事を捉えることができるようになり、ゲシュタルト能力が格段に上がります。

あなたの才能は無限大！ どんな分野でどんな新しい価値を生み出していくのか？ あなたのこれからの活躍を楽しみにしています！

Lesson

43

今日までの自分に
「さようなら」、そして

今までの人生は、何を信じて生きてきましたか？　人はそれぞれ信じているものがあり、意識しなければ、その枠から出ることはありません。例えば「人間関係ってややこしい」と信じていると、人間関係はうまくいきません。「人間関係がややこしい」と無意識に思い込んでいるため、常に人間関係がゴタゴタします。

この「人間関係はややこしい」信念は、脳内おしゃべりから来ています。「私は愛されない」、「私って人に嫌われる」、「私は変わった人だと思われている」などです。これでは、人と明るく接することはできないですよね。幸せなお金を引き寄せるためには、良好な人間関係はなくてはならないものです。人間関係を良くするためには、脳内おしゃべりの内容を、例えば次のように自分で変えていく必要があります。

「私は日々、成長し続けている」。

「私は富を築く知識を日々、身につけている」。

けれども、実際は変えようとするとザワザワして落ち着きません。ネガティブなおしゃべりをしてきた人が、自分に肯定的なことをおしゃべりしようとしても違和感があります。振る舞いを変えるために、いい人すぎる自分を演じようとするとしんどくなります。そういう場合は、やっぱり「自慈心」を育てることです。自慈心を育て、少しずつ自信をつけながら、脳内おしゃべりも、しっくりくるような言葉に変えていけるといいですね。

「あの人にどう思われるか」を気にしていると、その人の言動に左右されます。その人に「良かったね」と言われれば安心し、「ダメだ」と言われれば落ち込む。私のセミナーに来られる方も、他の人と比べてできていないと落ち込む人は多いのですが、他人と比べても意味がありません。

「あの人はできているのに、自分はできていない」と思ったら、自慈心を育てるためのワークを思い出して下さい。自分に優しい言葉をかけ、目の前で起きていることをありのまま捉えます。事実をありのまま捉えることができれば、「あの人はできているのに…」という発想自体がなくなります。自慈心を育てれば、自信がつき「自分がどうしたいのか」という目の前のことに集中できます。

ところで、なぜ日本の女性はこんなにも、自己否定が強いのでしょうか？　それは、そのほうが生きやすかったからだと思います。ちょっと出来ない人、とんがっていない人、または控えめな人のほうが、可愛がられる時代でした。世の中を渡っていくためには、可愛がられたほうが生きやすかったのです。私は自分に正直に生きて、出来ない人を演じてこなかったので、色々なところで叩かれました。何をやっても「女なのに」や、「女のくせに」とさんざん言われました。もしもその時に、周りにどう思われるかとか、あの人にひどいことを言われたとかを気にしていたら、私は全く動けなくて、楽しくない人生を送っていたことでしょう。

時代が急激に変わり、これまで時代に順応してきた方にとっては、「女のくせに」とは言われない世の中になり、生きやすいはずです。それなのに、今人生が楽しくないのであれば、周りに合わせることを止めるタイミングです。もう、あの人にどう思われるかなんて、気にする必要はありません。あなたが、やりたいことを、やりたいようにできる時代です。

今日までの自分に、さようなら。そして、ありがとう。

Lesson

44

あなたの幸せは何ですか？

今、生き方、働き方を変える時が来ています。今の時代、やりたいことや夢を叶えるのに、「我慢」や「根性」は必要なくなっています。むしろ、あるほうが叶わないのではないでしょうか。歯を食いしばり頑張れば頑張るほど、もしかしたら時代の波に取り残されるかもしれません。我慢をするエネルギーがあるのなら、そのパワーを「あなたの生き方を表現すること」に使いませんか？　そうすれば、「あなたの生き方に共感する人」が続々と集まり、シンクロニシティが起こり、「生き方でつながるコミュニティ」ができます。

人生100年時代の折り返し地点に、私たちは立っています。親の介護、自分自身の健康、定年退職など今まで経験しなかったテーマと向き合わなくてはいけません。そこに、コロナ禍で仕事も経済も先行きが見えなくなり、これまでとは確実に「未来のカタチ」が変わってきているのです。それでも、あなたはこれまでどおりの生き方や考え方を続けますか？　人の目を気にして人がどう考えるかを優先し、自分の気持ちを押し殺し、自分を持たないで生きていきますか？

私がこの本でお伝えしてきた、瞑想の効果や、自慈心を育てる方法、シンクロニシティを起こすゴール設定などは、全て科学的に実証されているものです。私自身を救ってくれたもので、鬱から立ち直り新しいビジネスを成功に導いてくれました。幸せなお金だけではなく、幸せなライフスタイルももたらしてくれました。私の周りにも、やりたいことを見つけて起業したり、職場の人間関係がうまくいくようになったり、本当の自分を取り戻して幸せに生きている人がいっぱいいます。

次は、この本を手に取ってくれたあなたの番です。

あなたにとって幸せとは何ですか？　高級な洋服やジュエリーを身にまとい、高級レストランで食事をすることも、幸せの1つかもしれません。ですが、高い服を着ていなくとも、夫婦で仲良く笑い合い、生きる日々に幸せを感じる方もいるでしょう。朝ゆっくりとドリップコーヒーを淹れるひと時、または緑豊かな自然の中をトレッキングしてフレッシュな空気に包まれる時、幸せを感じることもあります。

自分が本当に望む幸せとは何なのか、もう一度自分に聞いてみて下さい。人の目を気にする必要はありません。これまで親や周りから期待されてきたことや、世間やマスコミが謳う幸せは関係ありません。あなたの幸せは、あなただけのものです。

私はお金がなくても、幸せを感じていればそれでいいとは思っていません。お金だけあっても幸せにはなれませんが、幸せのためには、欲しいお金は必要だと思っています。

幸せになるためのゴールを設定し、自慈心を育てていけば、シンクロニシティは必ず起こり、必要なお金を必要なタイミングで引き寄せることができます。ゴール設定をすると、ゴールに向かうプロセスで、段階的にシンクロニシティが起きます。それは、些細なチャンスで気が付かないかもしれません。だからこそ、自慈心を育てて目の前にあるチャンスをつかみ、ゴールを叶えていってほしいと思います。

私にとって不幸だったことは、お金そのものがゴールになっていたことです。お金のその先の幸せがなかったので、お金を手にしても幸せにはなれませんでした。

お金は幸せになるためにあります。シンクロニシティとは、いわば幸運の偶然を自らマネジメントし、その流れに乗ることです。シンクロニシティを起こすのは、あなた自身です。幸せになるためのゴールを設定し、幸せなお金を引き寄せたら、楽しく、無邪気に、自由自在に、羽ばたいていって下さい。

Column
コラム

幸せの体験談③

小さいシンクロがチョコチョコ起きます

緑さんにコーチングを学んで、無意識にしていることを意識化できるようになり、自分が変われることを体感しました。そして瞑想にも興味が湧いてやってみたところ、「脳がスッキリする！」「頭の働きがサクサク動く気がする！」と感じました。

瞑想の中で自慈心を学び、自分を慈しむことをしていった結果、自分の感情と自分を離してみることができるようになってきています。ジャッジをしない。良いも悪いもなく、ただ「そうなんだね」と現状を受け入れることができるようになっていくと、とても心が穏やかになり、嫌いな人がいなくなってきました。

小さいシンクロがチョコチョコと起こるようになりました！ 家族にも大きな変化が起きました。母もセミナーに参加するようになり、今、とても人生を楽しんでいます。息子も最近はよく笑い、考えていることを色々話してくれるようになりました。

東里子さん

Epilogue

おわりに

この本は家事や会社勤めがまともにできないダメダメな私が自由な人生を送るために、必死で情報収集して構築した「科学的引き寄せプログラム」という脳と心のトレーニング法の一部を書籍化したものです。ここまで読み進めて下さった方はご存じのように、私のこれまでの人生には辛い出来事もたくさんありました。でも何があっても自分を慈しみ、応援し続ければ必ず幸せで豊かな人生を送ることができる！　次はあなたの番です♥　それが私の一番伝えたいメッセージです。

益田　緑

益田 緑（ますだ・みどり）
ライフコーチ / 人生を豊かに生きる「幸せリッチ脳」提唱者。
兵庫県神戸市出身。専門学校を卒業後、宝石外商として勤務、トップセールスとなり20代半ばで月収100万円を超える。その後32歳でアパレルショップを起業。有限会社を設立しアパレルショップを美容室へと事業転換。大阪の心斎橋、梅田に3店舗をかまえ年間25,000名を店舗へ動員。1年半で年商2億5000万円、社員数60名超にまで会社を成長させる。同時期に社員の育成を通じて心理学に興味を持つようになり、認知心理学、NLP、コーチングを学び始める。その後、5年かけて店舗運営から心理学・脳科学などの分野へと事業シフトを行い現職へ。豊富な事業経験と壮絶な過去を乗り越えた体験を活かし、現在は「争わず、競わず、独自の才能を開花させ人生を豊かに送る「幸せリッチ脳」の作り方」をメソッド化。セミナー・講演・長期講座等を全国で展開、受講者数はのべ1万人を超える。

◆講演・取材・執筆などのお問い合わせ
midori8888@vega.ocn.ne.jp
◆益田緑 公式サイト
http://masuda-midori.com

スマホで聴ける♥
脳が変わる瞑想プレゼント

公式LINE　https://lin.ee/vABn3l7

○ブックデザイン　町田えり子
○イラスト　千坂まこ（ウエイド）
○DTP　精文堂印刷
○企画協力　渡邉理香
○執筆協力　市川弘美（ワンリバー）
○編集　岩川実加

幸《しあわ》せなお金《かね》を引《ひ》き寄《よ》せる　44の心《しん》理《り》学《がく》レッスン

2021年7月7日　初版発行

著者　益田　緑
発行者　和田智明
発行所　株式会社　ぱる出版

〒160-0011　東京都新宿区若葉 1-9-16
03(3353)2835 — 代表　03(3353)2826 — FAX
03(3353)3679 — 編集
振替　東京　00100-3-131586
印刷・製本　中央精版印刷(株)

ISBN978-4-8272-1285-3　C0030